Coaching

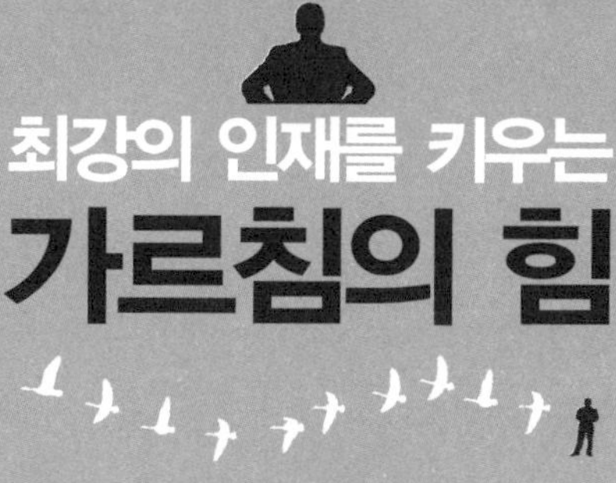

최강의 인재를 키우는
가르침의 힘

사이토 다카시 지음 | 이근아 옮김

이아소

리더의 첫 번째 임무는 '가르침'이다

인재전쟁이라는 말이 비즈니스 현장에서 널리 쓰인 지 10년이 다 되어간다. 이제는 인재전쟁이 아니라 인재사냥이라는 말을 쓰기도 한다. 하지만 취업 시즌이 되면 인사 담당자들은 한숨을 내쉰다.

"쓸 만한 인재가 없습니다."

월급을 적게 주려는 기업의 엄살이 아니다.

일본 경제가 헤이세이 불황이라는 장기 침체에서 벗어나 조금씩 기지개를 켜면서 다시 한 번 기업들은 대학생들을 '입도선매' 하였다. 하지만 정작 그렇게 구해온 인재들은 기업에 만족할 만한 성과를 가져다주지 못했다. 직업 전선에 뛰어든 본인들 역시 별로 만족감을 못 느끼고 있다.

어려운 일, 복잡한 일, 예기치 못한 상황, 체력과 근성의 한계를 시험하는 과제 앞에서 쉽게 주저앉아버리는 인재들이 너무 많다. 부모들이 대학교와 회사로 찾아와서 '적당히 해달라' 고 청탁 아닌 청탁까지 집어넣는다고 한다.

날이 갈수록 세계는 개방되고, 경쟁은 치열해지는데 초등학생도 아닌 다 큰 자식 때문에 회사를 찾아오다니, 예전 같으면 상상조차 못할 일이다.

본디 인재전쟁, 인재사냥이라는 말은 자본과 기술이 아닌 인간이 갖고 있는 지식이 기업과 나라의 경쟁력을 좌우하므로 최고의 인재를 구하는 데 전력을 다해야 한다는 뜻이다. 하지만 일본의 현실을 보자면 '쓸 만한 인재가 부족하다' 는 현실 때문에 '평범한 인재' 라도 구하기 위해 전쟁을 벌여야 한다는 의미로 해석될 수도 있겠다.

젊은 세대와는 전혀 다른 시대 상황 속에서 일하고 성장해온 리더와 상사들은 난감할 수밖에 없다.

"우리 시절엔 시키면 무조건 했습니다. 야근과 철야는 회사를 위해 당연히 해야 하는 것이었어요. 희생이라고 생각하지도 않았다는 말입니다."

하지만 기업의 리더들에게는 교육제도나 관료들을 탓할 만한 여유가 없다. 빠르게 돌아가는 시장, 급속하게 성장하는 도전자들을 상대하는 것만으로도 버겁고 바쁘기 때문이다. 결국 기업은 유능한 인재를 사냥하거나 평범한 직원을 탁월한 인재로 '육성' 할 수밖에 없다.

무엇이 현실적인 길일까? 나는 후자라고 생각한다. 스스로 살아남은 유능한 인재는 언제나 극소수에 지나지 않는다. 그들의 몸값은 천정부지로 치솟는다. 하지만 눈높이를 낮춰 좀 부족해 보여도 평범한 직원들을 잘 교육시킨다면 기업의 지식 경쟁력은 분명 달라질 수 있다. 처음부터 천재를 기대하지 말고 농사꾼의 마음으로 인재를 키우자는 것이다.

이 책은 인재를 육성하는 노하우를 담고 있다. 그 노하우는 '가르침' 이라는 단어로 요약된다. 가르침 하면 대뜸 '교육은 관계부서나 전문 업체의 몫' 이라고 생각하기 쉬운데 그렇지 않다.

직장에서 상사(上司)는 '상사(上師)' 라고 생각해야 한다. 직장에서 이루어지는 일과 업무는 모두 학습의 좋은 소재로 받아들여야 한다. 일하며 배우는 것만큼 강하고 효과적인 학습은 없다. 그것이 지식 경쟁력을 최고의 모토로 삼는 현대의 기업이 살아남는 길이다. 그렇게 얻은 지식이야말로 가장 생생하고 품질이 좋다.

문제는 리더나 상사들이 가르칠 줄 모른다는 데 있다. 모르니 부담스럽고, 부담스러우니 외면하게 된다.

단언하건대 리더와 상사가 해야 할 업무의 절반은 가르치는 것이다. 투덜대며 억지춘향식으로 가르칠 것인가, 아니면 자기 자신까지 성장시키며 가르치는 과정을 행복하고 열정적인 프로세스로 만들 것인가! 둘 중 하나를 선택할 수 있을 따름이다.

나는 리더나 상사 등 기업 현장에서 부하직원을 가르쳐야 하는 사람들을 위해 이 책을 썼다. 따라서 이 책은 교육할 기회를 갖게 된 분들, 특히 지금까지 가르치는 일에 흥미가 없었지만 갑자기 가르치는 입장이 된 사람들에게 권하고 싶다. 가르친다는 것은 귀찮은 일이고 자신에게 도움이 안 된다고 생각했던 사람들도, 이 책을 읽으면 가르치는 일이 상대방뿐만 아니라 방법에 따라서는 '자신에게도 즐거운 행위'가 될 수 있음을 깨닫게 될 것이다.

또한 이 책의 주제가 가르치는 것이기는 하지만, '누군가를 가르치는 일은 상사와 리더 자신을 쑥쑥 성장시키는 배움의 지름길'이라는 생각도 담고 있다. 업무에서도 부하직원이 생겨야 비로소 업무의 본질이 보이는 경우가 많다.

가르치는 입장이 되면 인간은 배우게 된다. 학생으로 있을 때보다 교사가 됐을 때 더 잘 알게 되는 법이다. 잘 알기 때문에 교사가 됐다는 순서가 일반적이지만, 교사가 돼서 잘 알게 될 수도 있다. 누군가를 가르치는 기회는 자신이 배울 수 있는 가장 좋은 기회이기도 하다. 무엇을 어떻게 전달해야 상대방의 실력이 나아지는지를 생각함으로써 자기 스스로도 정리할 수 있기 때문이다.

　　리더와 상사들을 위한 가르침의 노하우를 담은 이 책이 부디 강하고 경쟁력 있는 기업, 시장에서 승리하는 기업을 만드는 데 일조하기를 바라마지 않는다.

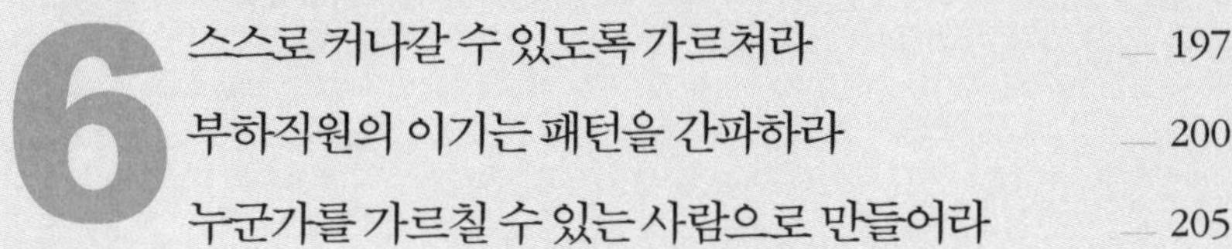

변화를 원한다면
제대로 가르쳐라

가르치는 것의 목표는 상대방을 성장시키는 것이다. 따라서 그 중심은 '훈련시키는 것'이 된다. 뛰어난 훈련을 질리지 않도록 계속 반복하게 할 수 있다면 배우는 쪽은 틀림없이 성장한다. 명심하자. 뛰어난 훈련을 질리지 않도록 반복시켜라!

훈련을 시키는 데 필요한 것은 '동경하는 능력', '평가력', '콘텐츠 발굴 능력', '라이브 능력', 이렇게 네 가지다.

리더의 임무는 '가르치는 것'이다

요즘 '가르친다'는 행위는 인기가 없다. 심지어 이런 말까지 유행할 정도다.

"당신이 뭔데 날 가르치려고 들어?"

확실히 더 배워야 할 사람, 부족한 게 빤히 보이는 사람마저 이렇게 말할 지경이다. 난관에 부딪히면 짜증부터 내거나 뒷걸음질하는 사람들에게 누구 하나 따끔하게 지적해주지 않는다.

사정이 이렇다 보니 가르쳐야 할 사람들마저 자신의 임무를 내팽개치는 일이 생긴다. 혹시라도 자신이 다른 사람의 자유와 선택권을 제한하고 관리하려 드는 게 아닌가 싶어 몸을 움츠리는 것이다.

기업의 리더들 중에도 이처럼 몸을 사리는 사람들이 많다. 가르친다는 것이 곧 명령과 통제와 권위라 생각하면서 자율, 창의, 창조라는 말을 내세운다.

교육학을 전공하고 20년 넘게 학교와 기업과 사회에서 '가르침'에 대해 고민해온 나로서는 참으로 바보 같은 상황으로 느껴진다.

리더들이 가르침을 포기하다니! 그것은 곧 리더의 첫 번째 임무이자 가장 핵심적인 업무를 방기하는 것이 아닌가. 내버려두고, 칭찬만 해주고, 들어만 준다고 창의적인 인재가 될 것이라는 착각은 기업 현장에서도 예외가 아니다.

나는 그렇게 생각하지 않는다. 제대로 가르쳐야 한다! 리더는 그 방법을 배워야 한다!

선배 세대들은 서류 복사를 시켜도, 제대로 하도록 가르쳤다. 밤을 새우고, 수십 번 퇴짜를 놓는 한이 있어도 그렇게 가르쳤다. 깨끗하게, 수직과 수평을 정확하게 맞춰서, 호치키스로 찍는 것도 보는 사람이 넘기기 쉽게 가장자리에 찍어오도록 했다.

어설픈 타협은 없었다. 적당히 넘어가면 얼굴 붉히고 감정 상할 일은 없겠지만, 리더와 부하직원 어느 쪽도 변화하지 못한다는 걸 알았기 때문이다.

그렇게 해서 우리는 '변화'하게 됐다. 사소한 서류 복사 따위에 목숨을 건다고 요즘 세대들은 비웃겠지만, 그런 과정을 통해 상대를 배려하고 자신이 맡은 어떤 임무도 소중히 여기는 법을 배웠으며 '근성'과 '문제 해결 능력'을 체화했다.

제대로 가르쳐야 **최강의 인재를 얻는다**

변화시키고 싶다면, 말만 하는 것으로는 곤란하다. 제대로 가르쳐야 한다. 변화는 '할 수 없던' 것을 '할 수 있게' 하는 것이다. 수학 점수를 20점 올리기는 무리라고 생각했던 자녀가 30점을 올리는 것, 시장 점유율 1위 달성은 불가능하다고 여겼던 상품이 돌풍을 일으키는 것이 변화다.

그것을 가능하게 하려면 가르쳐야 한다. 모르는 지식은 알게 해야 하고, 못하던 것은 할 수 있게 만들어야 한다.

가르침을 통한 변화는 처음에는 괴로워도 결국에는 우리를 행복하게 해준다. 가르침을 받은 쪽은 자신의 성장과 발전을 실감할 수 있고, 익숙해짐에 따라 자신도 즐겁고 다른 사람도 기쁘게 할 수 있다. 이보다 더 좋은 일이 어디 있을까.

나는 몇십 년 동안 가르치면서 어린 시절에 겪었던 성적 향상 경험이 미래의 인생에 얼마나 큰 영향을 미쳤는지를 보아왔다. 이는 직장 생활에도 그대로 적용된다. 햇병아리 초년생이 눈을 번뜩이는 사자로 돌변하는 것은 눈물이 나도록 행복한 일이다. 직원 본인은 말할 것도 없고 리더에게도.

할 수 없던 일을 할 수 있게 됐을 때, 불가능이 가능이 됐을 때 인간은 그 이상으로 성장하게 된다. 예를 들어 수학 점수 하나가 오른 것은 수학 점수 이상의 효과를 발휘한다. 겨우 기어다니던 아이가 마침내 일어섰을 때, 아이는 단지 일어서는 능력만 얻는 것이 아니다.

리더는 제대로 가르쳐야 한다. 부려먹기 위해 지시하고, 내 뜻대로 좌지우지하라는 것이 아니라 상대가 제대로 성장할 수 있도록 잘 가르쳐야 한다는 것이다.

잘못된 가르침은 모두를 그르치지만, 제대로 된 가르침은 우리 모두를 행복하게 변화시킨다.

가르침의 핵심은 '훈련'이다

많은 리더들이 가르침은 자신의 임무가 아니라고 생각한다.

"내 일 하기도 바쁜데 어떻게 가르칩니까? 그것은 학교나 교육 담당자, 교육 외주업체가 해야 할 일입니다."

이런 주장에는 '학습은 교실에서 이뤄지는 것'이라는 암묵적인 가정이 숨어 있다. 또한 학습은 말 몇 마디, 토론, 교과서 읽기 등으로 이뤄지는 것이라는 오해도 깔려 있다. 하지만 배우는 사람이 가장 많은 지식을 습득하는 것은 '실행' 할 때다.

대학 4년간의 경영학 시간에는 상상도 못했던 시장의 파워를 길거리에서 딱 하루 동안 노점상 아르바이트를 하며 배운다. 대학원 교육학 수업 시간에는 전혀 이해하지 못했던 아이들의 심리가 교생 실습 한 시간 만에 이해된다. 이런 연유로 나는 제대로 가르칠 수 있는 사람을 '현장의 리더' 라고 주장하는 것이다.

그렇다면 현장의 리더는 어떻게 가르치는가? 훈련을 통해 가르쳐야 한다. 연수원에서만 훈련을 하는 게 아니다. 제대로 일하는 모습을 보여주고, 이런저런 항목을 거듭 실행하라고 지시하는 것이 훈련의 핵심이다. 다시 말해 메뉴를 짜주는 것이다.

얼마 전에 중국 무술의 달인 두 사람과 이야기를 나눈 적이 있다. 흥미롭게도 두 사람이 똑같이 이런 지적을 했다.

"당신들은 교실에 있는 시간만을 훈련이라고 생각하는군요."

우리는 배우고 가르치는 것은 교실에서만 이루어지는 일이라고 생각한다. 그러나 중국에서는 스승과 함께 보내는 시간을 '혼자서 훈련하기 위한 힌트를 얻는 시간' 이라 생각한다.

학습이라는 것을 '스승에게 배우는 시간' 이라고 한다면, 스승은 이 시간에 몸소 시범을 보이며 가르치고 '이 기술을 익히기 위한 기본 훈련은 이것' 이라는 훈련 메뉴를 알려준다. 말하자면 학생은

이 부분에 대해 수업료를 지불하는 것이다. 그리고 집에 돌아가서는 할 수 있을 때까지 '훈련(연습)' 한다. 이것이 바로 '스승에게 배운다' 는 개념이다.

근성 있고 똑똑한 부하를 얻고 싶다면, 훈련을 시켜야 한다. 골똘히 생각하지 않아도 좋으니 반복해서 실행해봐야 할 '작은 것' 들을 구체적으로 알려줘야 한다. 복사, 커피 심부름, 자료 정리, 사무실 청소도 훌륭한 훈련이 될 수 있다. 리더가 부하직원의 성장을 생각한다면 말이다.

부하에게 뿌듯함을 느끼게 하라

요즘 많은 학교에서 '자유롭고 즐겁게 배우자' 는 방식을 취하고 있다. 이것은 극단적으로 표현하면 '놀자' 는 것과 마찬가지다. 기업 현장에서도 비슷한 흐름이 있다. 위험한 현상이다.

그렇게 해서는 사람이 성장할 수 없다. 못하던 것을 해내는 근성, 어려움과 불가능을 돌파하는 과단성과 창의력을 얻지 못한다. 예나 지금이나 사람을 키우려면 '고생' 스럽고 '재미없는' 일을 시켜야 한다.

예를 들어 초등학교 체육수업에서는 게임과 같은 경기를 하는 일이 많아지고 있다. 오래 달리기나 복근운동, 팔굽혀펴기와 같은 힘든 운동은 사라지고 있다. 그러나 나는 '45분간 계속 걷기'와 같은 수업이 있으면 좋을 거라는 생각이 든다. 이런 수업으로는 아이들을 즐겁게 할 수 없다고 말할지도 모르지만 나라면 그렇게 지도할 것이다.

우선 '걷는 것은 운동의 기본이다. 몸을 단련하면서 그 기본을 익히자'는 목표를 세우고 걷는 방법을 지도한 뒤 아이들에게 '45분간 걸어보자'고 한다. 그리고 이것을 할 수 있게 되면 "45분간 걷기를 한 것은 어느 정도 거리에 해당할까요? 전철역으로 말하면 몇 구간에 해당합니다."라고 가르쳐준다.

몸이 고달프다 보니 편하고 쉬운 수업은 아니지만 뭔가 확실하게 체감하고 알아냈다는 '뿌듯함'을 느낄 수 있다.

가르치는 리더는 힘들거나 즐겁다는 문제를 잠시 뒤로 미뤄야 한다. 뭔가 변화를 의도하면서 가르칠 때, 부하직원이 얼마나 힘들까를 생각해주는 것이 참으로 인간적인 모습 같지만 사실은 그보다 비인간적이고 부하직원의 미래를 가로막는 것도 없다!

비정하게 들릴 수 있지만, 시장은 전쟁터다. 제대로 가르쳐야 그 사람도 나중에 고생하지 않는다. 심신이 고달파도 좋으니 끝났을 때 뭔가 확실히 남았다는 '뿌듯함'이 느껴지도록 독하게 훈련시켜야 진짜 보탬이 되는 리더가 될 수 있다. 살아남는 부하, 유능한 인재는 그렇게 태어난다!

이는 직장인뿐만 아니라 학생들을 가르치면서도 느낄 수 있다. 적절한 과제를 설정해주면 오히려 과제가 없을 때보다 생기가 넘친다. 쉽고 만만한 것이 아니라 도전적인 과제를 적절히 제시해서 사명감을 주는 것이 핵심이다.

"해봐! 해보지도 않고 투덜대지만 말고. 반드시 이때까지 해내도록 해!"

기업 현장에서의 훈련은 '연습'이 아니다. 언제나 주어진 임무를 달성하기 위해 분투하는 실전이다. 아흔아홉 번 깨져도 좋으니 단 한 번 확실하게 해냈을 때의 '뿌듯함'을 맛보게 해주는 것이야말로 가르치는 리더가 명심해야 할 가치다.

용장 밑에서는 절대로 **약졸이 나올 수 없다**

무도의 세계에서는 흔히 3년간 자기식대로 훈련을 하는 것보다 좋은 스승을 3년간 찾아서 몇 달 배우는 편이 더 빨리 발전하는 길이라고 한다. 혼자 오랫동안 훈련을 했다고 해도 좋은 스승에게 배운 사람한테는 당할 도리가 없다.

배움은 스승에 달려 있다고 해도 과언이 아니다. 이는 기업 현장에도 그대로 적용된다. 좋은 리더, 용맹한 리더 밑에서는 절대로 나약하고 책임감 없는 인재가 배출되지 않는다.

왜 그러한가? 인간의 모방 본능 때문이다. 인간은 좋은 것, 매력적인 대상은 흉내내고 싶어한다. 나는 우리 아이에게 피아노를 배우게 하고 있다. 그런데 이만저만 가기 싫어하는 것이 아니라서 피아노 선생님을 몇 번이나 바꾼 끝에 잠시 쉬게 해보았다. 그리고 얼마 전 1년 만에 또 다른 선생님에게 보냈는데 놀랍게도 아이가 '피아노 배우는 게 재미있다'고 말했다.

회사에서 출세하고 싶다면, 부하직원들이 가르침을 받고 싶어하는 사람이 되어야 한다. 혼자서 성과를 내고 과실과 명예를 모조리 독점하는 것이 아니라 부하직원들도 성장할 수 있도록 '훈련 메뉴'를 아낌없이 베풀고, 그것을 제대로 실행할 수 있게 그들을 확실히 자극해야 한다.

부하직원들이 배우고 싶어하는 리더야말로 가장 유능한 리더다.

이러한 사실은 자신을 돌아봐도 알 수 있다. 학교 다닐 때 수학이나 과학 등 유난히 싫어하는 과목이 있다면 혹시 그 요인 중에 '선생님'의 존재는 없었는지, 지금 하는 일을 좋아하는 데는 '어떤 선배'의 존재가 있었기 때문은 아닌지 자신의 경험을 되돌아보자.

그만큼 가르치는 쪽의 존재는 중요하다.

무엇인가를 가르치는 입장에 있는 리더와 상사는 자신의 책임이 크다는 것을 인식해야 한다. 제대로 가르쳐야 부하가 성장하고, 팀이 성장하고, 부서가 성장하고, 회사의 성과가 높아진다. 용맹정진, 당신은 제대로 가르치는 사람이 돼야 한다!

무슨 일이 있어도 '반드시 가르친다'는 각오를 하라

다른 사람을 가르칠 때는 상대방이 힘을 갖출 수 있도록 한다는 강한 각오가 필요하다. 어중간한 마음가짐으로는 서로가 불행해질 뿐이다.

각오가 필요하다고 해서 엄격한 말투로 가르쳐야 한다는 뜻은 아니다.

예를 들어 다카하시 나오코(시드니 올림픽 여자 마라톤 금메달리스트) 선수의 코치인 고이데 요시오 감독은 얼굴은 늘 웃고 있지만 엄격한 훈련을 시키기로 유명하다. 고이데 감독에게는 '반드시'라는 마음이 있었던 것이다.

이것은 엄격하게 또는 상냥하게 가르친다는 것의 문제가 아니다. '무슨 수를 써서라도 너를 제대로 키워놓고 말겠다'는 각오를 단단히 한다는 것이다. 이러한 각오는 자연스레 상대방에게도 전달된다.

'뭐 어느 쪽이든 상관없겠지.' '아무리 가르쳐도 안 될 거야.'와 같은 마음이나 '나한테 제대로 배우기나 할까?' 하는 망설임 역시 상대방에게 그대로 전해진다.

인간은 상대방의 힘을 동물적 직감으로 금세 느낄 수 있다. 심지어 젖먹이조차 부모의 마음을 눈치 채고 그에 맞춰 반응을 한다.

중학교, 고등학교 때의 기억을 되살려보면 알 수 있듯이 어떤 선생님을 만나느냐에 따라 학생들의 태도가 완전히 달라지기도 한다. 어떤 선생님의 수업은 건성으로 듣고, 어떤 선생님의 수업은 너무 재미있어 열심히 들었던 경험이 누구나 있을 것이다.

이것은 단순히 선생님이 무섭거나 상냥하기 때문이라는 식의 문제가 아니다.

'어떻게든 성장시키겠다' 는 강한 각오와 기백은 가르치는 사람이 꼭 가져야 할 마음가짐이다. 제아무리 아는 게 많고, 노련한 역전의 용사라 해도 강한 각오와 기백이 없다면 부하들을 제대로 가르칠 수 없다.

가르침이란 다름 아닌 열정적인 자세를 보이는 것이다. 리더십의 본질적인 사명 또한 열정을 불어넣는 것이다. 리더에게 배우겠다는 열정, 그와 함께 일하며 반드시 목표를 달성하고야 말겠다는 뜨거운 다짐을 부하들의 가슴속에서 끌어내야 한다.

고이데 요시오 감독 역시 그러했다.

"훈련은 반드시 이렇게 해야 한다는 규칙이 없다. 일등이 될 수 있다면 뭐든지 좋다."

1997년 아테네 세계선수권 대회에서 금메달을 딴 스즈키 히로미는 "훈련을 굉장히 많이 하기로 소문이 자자하더군요."라는 외국인 기자의 말에 이렇게 대답했다.

"그렇지 않습니다. 세계대회에서 우승하기 위해서는 훈련을 따로 해야 합니다. 여러분이 볼 때는 훈련양이 많다고 생각하실지 모르겠지만, 제가 볼 때는 결코 많지 않습니다."

고이데 감독은 이렇게 말했다. "이것만은 자신 있게 말할 수 있다. 다른 사람과 똑같이 해서는 안 된다는 것이다. 다른 사람보다 '좋은 훈련'을 해야만 한다. 그렇지 않은가? 다른 코치가 하고 있는 훈련을 똑같이 흉내 낸다면 그 코치를 뛰어넘을 수 없다. 그 코치 이상으로 선수를 키우기는 불가능한 것이다."(《마라톤 엉터리 이론》에서)

부하들이 당신의 '기'를 느끼게 하라

배우는 쪽은 가르치는 쪽의 기(氣)를 느끼게 마련이다. 기가 부족한 상태에서 다른 사람을 가르치기는 어렵다.

이런 말이 있다. "멍청하고 부지런한 상사가 최악이고 똑똑하고 게으른 상사가 최고다." 멍청하지만 부지런한 상사는 부하들에게 기를 불어넣지 못하고, 오히려 의욕을 팍팍 꺾어버리는 사람이다. 똑똑하지만 게으른 사람은, 얼핏 보기엔 교활할 정도로 남을 잘 부려먹는 사람 같지만 정말로 '일할 맛'이 나도록 자극할 줄 아는 리더다.

결국 리더의 '기'라고 하는 것은 큰 목소리나 대단한 카리스마와는 본질적으로 상관없다. 말투가 온화해도 기력이 넘치는 사람이 얼마든지 있다. 그렇다면 기란 무엇일까?

가르치고자 하는 의욕에 가득 차 있는 것을 말한다. '교육열'이 분출하는 상태라고 할 수 있다. 가르치고 싶다, 이 녀석을 확실하게 성장시키고 싶다는 욕구가 몸속 깊은 곳에서 흘러넘치는 상태다.

가르치는 것이 직업인 리더는 상대방에게 '이 사람은 나를 뭔가 성장시켜주고 있어.'라는 느낌을 전하지 않으면 안 된다.

이를 위해서는 먼저 가르치는 상대 한 사람 한 사람의 눈을 볼 수 있어야 한다. 눈을 봐야 상대방과 마음이 통하기 때문이다. 마음이 통하면 의욕을 불러일으키게 된다.

한 시간을 가르쳤는데 단 한 사람과도 시선을 교환하지 않았다면 '가르치고자 하는 마음'이 없다고 말할 수 있다. 상대방에게 의식을 집중하지 않았다는 증거다. 그저 실무적인 내용만 전달하기에 급급해서 상대방의 존재에는 관심을 두지 않은 것이다.

부하들은 자신에게 진실로 관심을 가져주는 사람이 누구인지를 귀신같이 안다. 이는 인간이 태어나면서부터 갖고 있는 본능적인 직감이다. 가르치는 사람의 얼굴은 무엇보다 자신 속에 있는 기를, '당신을 확실히 성장시키겠다'는 의지를 상대방에게 전하는 매개

체여야 한다.

　배우는 쪽의 기력, 활성도, 그 일에 대한 흥미나 의식을 높이려면 가르치는 쪽이 몸으로 직접 그것을 보여주지 않으면 안 된다. 배우는 쪽은 이러한 습관이 아직 없으므로, 우선 가르치는 쪽이 직접 보여주면서 그 기운을 상대방에게 전달해야 한다. 이를 위해서는 상대의 눈을 보고 확실히 이야기하는 것이 기본이다.

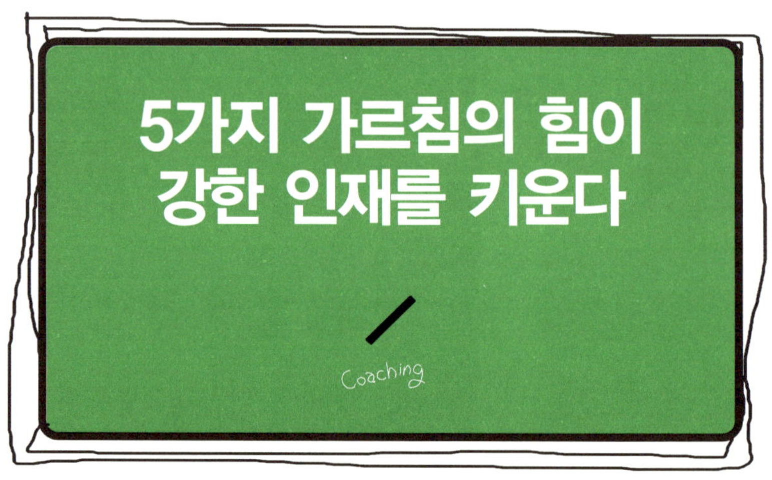

가르친다는 것은 '훈련시키는 것'이다

내가 생각하는 '가르치는 힘'은 다음 그림과 같다.

가르치는 것의 목표는 상대방을 성장시키는 것이다. 따라서 그 중심은 '훈련시키는 것'이 된다. 뛰어난 훈련을 질리지 않도록 계속 반복하게 할 수 있다면 배우는 쪽은 틀림없이 성장한다. 명심하자. 뛰어난 훈련을 질리지 않도록 반복하게 하라!

훈련을 시키는 데 필요한 것은 '동경하는 능력', '평가력', '콘텐츠 발굴 능력', '라이브 능력', 이렇게 네 가지다.

여기서 한 걸음 더 나아가 철저히 가르쳐야 하는 시기가 지나면 배우는 사람을 완전히 자립시켜야 한다. 사실은 이것이 바로 가르침의 최종 목표다. 그리고 이때 필요한 힘이 '키워주는 능력'이다.

이 다섯 가지 능력은 각 장에서 꼼꼼히 다룰 것이므로 여기서는 개괄적으로 살펴보기로 하자.

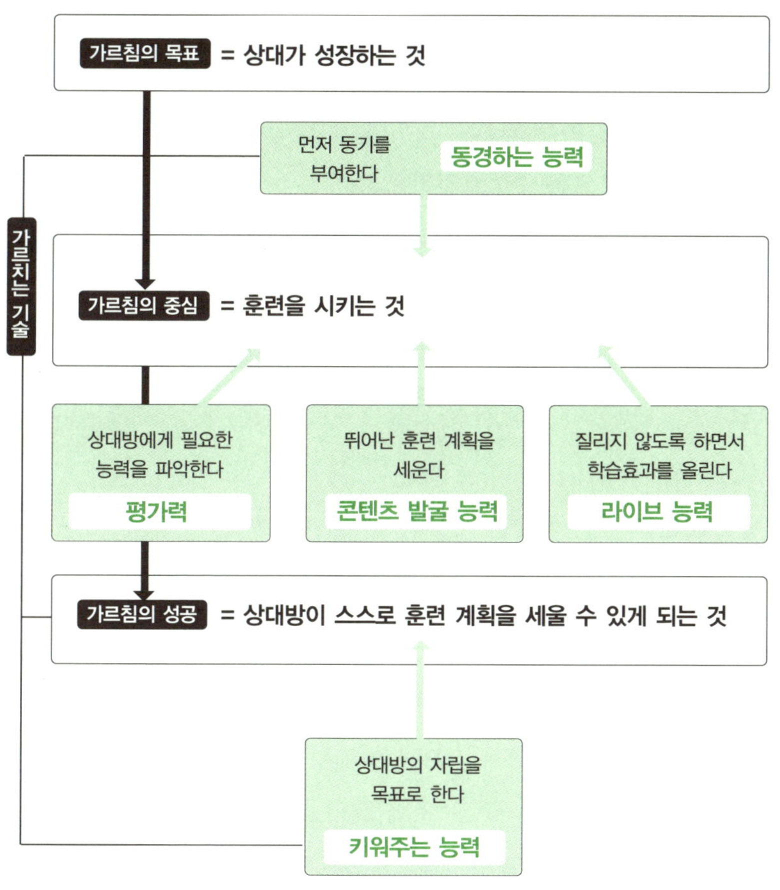

지식보다 중요한 '동경하는 능력'

훈련을 시키려면 상대방의 의욕을 불러일으키지 않으면 안 된다. 동기부여가 중요하다.

동기부여를 하는 데 필요한 것은 가르치는 사람이 가지고 있는 '끊임없이 동경하는 열정'이다. 즉 가르치는 쪽이 '이 일이 너무 좋아 어찌할 바를 모르겠다'고 동경하는 상태를 말한다. 물론 지식이 풍부한 것도 중요하지만 그것만으로는 부족하다.

"나는 프레젠테이션이 너무 좋아. 그 순간에는 짜릿할 지경이야!"

리더는 자신이 가르쳐야 할 일에 대해 강렬한 동경심을 가져야 한다. 다시 말하면 가장 잘 가르칠 수 있는 것은 자신이 가장 좋아하고 열정을 갖는 과목이라는 얘기다. 학교에서도 마찬가지다. DNA를 좋아하는 생물 선생님이라면 거기에 열정을 품게 마련이다.

"DNA는 정말 멋지지 않니? 마치 레고 조각처럼 요리조리 맞추는 것만으로도 생명의 삼라만상을 연출하니 말이야!"

반대로 몇 년 동안이나 프레젠테이션을 하다 보니 이젠 지루하고 재미가 없다고 생각하면 부하직원들에게도 그 느낌이 고스란히 전해진다. 의욕 없는 상사를 위해 열정적으로 일해줄 바보 같은 부하는 거의 없다. 특히 요즘 젊은이들은 더욱 그렇다. 이래서는 상대방을 고무시킬 수가 없다.

가르치는 쪽의 열정이란 상대방(=배우는 쪽)과 서로 마주 보는 것이라고 생각하기 쉬운데 이것이 전부는 아니다. 가르치는 대상(가르치는 내용)’에 대해 계속 동경하고 선구자로서 빛을 발하며 지금도 여전히 배움을 지속하는 열정이 필요하다.

등산에 비유하자면, 살짝 고개를 비틀어 먼 산봉우리를 비스듬히 올려다보는 이미지라고 할 수 있다.

열정도 없고 지식도 없다면 어쩔 수 없지만 어쨌든 일단은 열정적이 되어야 한다. 열정이 있으면 그 다음엔 지식만 쌓으면 된다. 열정이 넘치지 않는 사람이라면 우선 이것을 불러일으켜야만 한다. 아무리 지식이 많아도 열정이 없다면 결코 좋은 리더, 다시 말해 훌륭한 가르침을 베풀 수 없다.

부족한 포인트를 콕 짚어내는 ‘평가력’

누군가를 성장시킨다는 것은 어떤 것을 할 수 없는 상태에서 할 수 있는 상태로 만드는 것이다. 이를 위해서는 상대에게 지금 어떤 힘이 필요한지를 판단할 수 있어야 하는데, 이것이 바로 평가력이다.

우선 ‘지금 배우는 쪽의 힘이 어느 정도’인지 ‘좋은 상태와 비교해서 할 수 있는 것과 하지 못하는 것' 을 파악한다. 그리고 하지 못하는 부분을 강화하기 위해서는 어떤 훈련이 효과적인지를 생각한다.

또한 배우는 쪽이 성장해 나가기 위해서는 어떤 점이 나쁜지도 알려주어야 하는데, 이때는 단순히 '여기가 틀렸다' 는 식으로 말하는 것은 좋지 않다. 좋은 점과 나쁜 점을 구별해 상대의 의욕이 사라지지 않도록 설명하는 코멘트 능력이 필요하다.

부하를 가르쳐야 할 상황을 포착하는 '콘텐츠 발굴 능력'

뛰어난 스승은 타이밍 감각이 탁월하다. 가르쳐야 할 상황을 귀신처럼 간파한다는 뜻이다.

학습효과를 가장 극대화하는 타이밍은 바로 배우는 사람의 문제의식이 최고조에 달한 순간이다. 배우고 싶어할 때, 혹은 배우는 사람의 문제점이 적나라하게 노출됐을 때를 노려 가르치는 콘텐츠를 투입할 수 있어야 한다.

이런 상황이 되면 배우는 사람은 자신이 갖추어야 할 힘을 스스로 의식할 수 있게 된다. 좋은 문제는 보는 순간 답을 파악할 수 있는 문제다. 적절한 상황을 골라서, 평소에 어떤 부하직원에게 가르치고 싶었던 것을 가르친다면 그 부하직원도 고개를 끄덕거릴 수 밖에 없다.

알맞은 상황에 리더의 적절한 코멘트나 문제 제기가 결합되면 부하직원은 자연스럽게 깨닫게 마련이다. 여기서 한 걸음 더 나아가, 좋은 사례를 발굴해서 제시한다면 더욱 훌륭한 심화학습이 될 것이다.

가르치는 콘텐츠를 발굴한다는 것은 가르쳐야 할 타이밍을 정확하게 포착하는 것이다. 이럴 때 정답을 다 알려줄 필요도 없다. 처음부터 모조리 다 밝혀버리면 배우는 쪽은 '그건 그렇겠지.' 하고 심드렁하게 반응한다. 다시 말해 성장에 필수적인 성취감을 느끼지 못하는 것이다.

가르치는 콘텐츠를 발굴한다는 것은 또한 부하가 경험하기 힘든 사례를 많이 확보해놓는 것이다. 내 일을 열심히 하다 보면 타인이나 타사, 타국의 사례를 많이 연구하게 되는데 적당한 상황에 그것들을 부하직원에게 제시하기만 해도 훌륭한 가르침의 콘텐츠로 활용할 수 있다.

뛰어난 훈련은 배우는 사람이 스스로 필요한 힘을 깨달을 수 있게 하는 콘텐츠 없이는 성립하지 않는다. 올바른 상황, 적절한 케이스 스터디를 기억하자!

부하를 주의 깊게 **배려하는 '라이브 능력'**

콘텐츠를 발굴했다고 잘 가르칠 수 있는 것은 아니다. 현장에서 배우는 부하직원을 세심하게 배려해주는 라이브 능력도 필요하다. 이것은 상당히 다양한 힘이 요구된다.

우선 그때그때 상대의 상태나 현장의 분위기를 읽는 감지 능력을 키워야 한다. 상대가 어떤 상태인지를 고려하지 않고 무조건 나가는 것은 라이브가 아니다.

리더나 상사는 프레젠테이션에 대해 확실히 가르쳐줄 상황이라고 판단했지만, 객관적인 상황과 달리 부하직원의 몸 상태가 아주 나쁠 수도 있다. 반대로 어제 실연을 당해서 도저히 충고를 하거나 야단을 칠 수 없는 상태일지도 모른다. 부하직원을 키워주기 위해 며칠을 벼르고 준비한 것이 아깝지만 계획한 훈련이 성공할 만한 상황이 아니라면 계획을 다시 짜거나 적절한 시기를 기다리는 것도 좋다.

또 의식을 집중해서 훈련을 지속하기 위해서는 질문을 던지는 '질문 능력(發問力)'이 필요하다. 구체적이고 본질적인 범위에서 상대가 즉시 대답할 수 있는 작은 질문을 던짐으로써 의식이 잠들지 않도록 하는 것이다.

실제로 훈련을 시킬 때는 '조금 전에는 좋았다' 든지 '어떤 부분이 잘못됐다’ 는 식으로 적절한 지적을 하는 코멘트 능력도 요구된다.

가르친 사람을 **독립시키는 ‘키워주는 능력’**

가르침의 최종 목표는 상대가 자립할 수 있는 상태로 만드는 것
이다.

　가르치는 쪽은 언제쯤 졸업을 시킬 것인지를 항상 생각해야 한
다. 집중적으로 가르치는 기간이 지나면 상대가 스스로 자신을 성
장시킬 수 있도록 방향을 잡아나갈 수 있게 된다. 이것이 ‘키워주
는 능력’ 이다.

　어떤 사람이 기술을 익힌 뒤 언젠가 또 다른 누군가를 가르치는
순환. 이러한 순환을 만들 수 있어야 비로소 가르치는 행위가 완성
된다.

가르침의 효과를 극대화시키는 '호흡법'

학습효과는 배우는 쪽의 '자세'와 관계있다. 배우고자 하는 자세를 만들어주는 것이야말로 가르치는 쪽의 역할이며 이것은 의외로 매우 신체적인 일이다.

나는 이것을 신체론(身體論)이라고 이름 붙였다. 이 연구를 위해 지압과 마사지, 호흡법의 세계에 발을 들여놓게 되었는데, 몸의 자세를 만드는 것이 가르치는 행위에서 매우 중요하다고 생각했기 때문이다.

그렇다면 배우는 쪽의 자세란 어떤 것일까? 나는 '적극적인 수동성'과 '소극적인 수동성'이라는 개념을 취하고 있다.

적극적인 수동성이란 무엇을 받아들일 때 적극적으로 흡수하는 자세를 말한다. 반면 소극적인 수동성은 능숙하게 리드하면 따라올지 모르나 기본적으로는 방관하는 자세를 말한다.

비유하자면 먹을 기력이 없는 사람에게 튜브로 영양을 주입하는 상태(마취형 수동태)나 차려놨으니 할 수 없이 먹는다는 상태가 '소극적 수동태' 다. 반면에 '적극적 수동태' 는 자신이 적극적으로 식당을 찾아가서 먹는 것이다. 이 둘은 당연히 음식을 맛보는 방식도 다르다.

가르친다는 작용이 가장 깊게 관여하는 것은 적극적 수동태이며, 따라서 그 자세를 만드는 것이 중요하다.

뇌는 빠른 속도로 회전하지만 안정되어 있다. 이와 같은 적극적 수동태가 이상적인 학습 상태다.

뇌의 작용 속도를 빠르게 하기 위해서는 '1분간 흔들기 체조' 와 같은 가벼운 운동을 해주면 효과적이다. 무릎을 굽혔다 폈다 하면서 몸을 아래위로 가볍게 움직이는 간단한 체조다. 그렇게 해주는 것만으로도 몸이 이완되고 액체화(液體化)돼서 무언가를 흡수하려는 몸이 된다. 즉 몸을 가볍게 흔들면 침체되고 가라앉은 몸을 활성화시킬 수 있다.

또한 나는 3초간 숨을 들이마시고 2초간 숨을 멈춘 뒤 15초간 숨을 내쉬는 호흡법을 도입했다. 15초 동안 길고 조용히 숨을 내쉬면 적극적 수동태를 쉽게 만들 수 있다. 15초 동안 숨을 내쉬는 것이 쉽지 않은 사람은 10초부터 시작해서 시간을 조금씩 늘려가면 된다.

이렇게 먼저 몸의 자세를 만들면 머리가 상쾌해진다. 즉 판단 능력은 있지만 쓸데없는 의식이 제거된 상태가 된다. 집중이 안 될 때 해주면 효과적이다.

안정된 상태에서 무엇인가를 하려는 자세가 바로 학습 자세다.

몸이 차가우면 자세가 딱딱해지므로 학습에는 적절하지 않다.

3초 들이마시고 2초 멈추고 15초에 걸쳐서 숨을 내쉬는 호흡법으로 마음이 안정되고 학습에 적절한 자세를 만들 수 있다.

이럴 때는 먼저 흔들기 체조로 몸을 따뜻하게 해서 활성화시킨 다음 호흡법을 실시해주면 좋다. 그러면 속도는 빠르되 안정된 상태를 만들 수 있다.

미팅이나 회의를 시작하기 전에 이러한 자세를 만들 수 있다면 리더와 부하의 호흡 능력이 높아지고 학습효과도 저절로 향상된다.

리더의 열정보다 뛰어난 가르침은 없다

뭔가에 빠져 있는 사람은 대단히 매력적이다. 그리고 그들의 이야기가 우리의 욕망을 자극하고 동기부여가 된다. 원래는 욕망이 없었던 곳에 욕망의 불꽃이 일어나는 것이다.

상대에게 욕망을 불러일으킬 정도로 어떤 것에 빠져 있는 사람은 가르치는 리더로서 훌륭한 자질을 가지고 있다고 할 수 있다.

'몰입' 하기만 해도 부하의 열정을 끌어낸다

이 장에서는 가르침에 필요한 구체적인 요소를 설명하고자 한다.

가르치는 일의 기본은 가르치는 상대에게 동기부여를 하여 의욕을 불러일으키는 것이다. 상대가 의욕을 느낀다면 거의 성공한 것이나 다름없다.

상대의 의욕을 불러일으키려면 가르치는 사람이 지금부터 하고자 하는 것에 대해 무서울 정도의 동경심을 가져야 한다.

사람은 신기하게도 다른 사람이 동경하는 것을 의식적으로 동경하는 경향이 있다.

헤겔은 '욕망은 모방된다' 고 말했다. 먹고 자는 것과 같은 욕망은 모방하지 않아도 가능하지만, 문화적 대상에 대한 욕망은 그러한 욕망을 가진 사람으로부터 전염된다는 것이다.

예를 들어 명품 예찬으로 유명한 나카무라 우사기의 《쇼핑의 여왕》을 읽다 보면 어느새 자신도 명품을 사러 가고 싶어진다. 그리고 마작에 빠져 있는 아사다 데쓰야가 쓴 《마작 방랑기》를 읽으면 마작을 하러 훌쩍 떠나고 싶어진다.

뭔가에 빠져 있는 사람은 대단히 매력적이다. 그리고 그들의 이야기가 우리의 욕망을 자극하고 동기부여가 된다. 원래는 욕망이 없었던 곳에 욕망의 불꽃이 일어나는 것이다.

상대에게 욕망을 불러일으킬 정도로 어떤 것에 빠져 있는 사람은 가르치는 리더로서 훌륭한 자질을 가지고 있다고 할 수 있다.

지겨워하는 순간 가르침은 끝장난다

상사나 리더들은 오랜 기간 직장 생활을 해왔기 때문에 반복되는 업무에 지쳐 있기 십상이다. 그러다 보니 부하직원들을 가르쳐야 할 순간에 지겹다는 인상을 줄 수 있다. 결론부터 말하자면 지겨움을 보여주는 순간 가르치는 것도 끝장난다.

다시 말해 열정 없는 리더야말로 약해빠진 인재, 회사의 골칫거리인 월급 먹고 튀는 인재를 양산하는 주범이다.

학교에서도 이런 일이 일어나기 쉽다. 아니 학교 선생님의 경우에는 더욱더 이러한 감정에 빠지기 쉽다.

예를 들어 중학교 1학년생에게 수학을 가르치는 교사는 내용이 너무 쉽기 때문에 지겹다고 느낄 수 있다. 하지만 교사가 지겹다는 생각으로 수업에 임할 경우 학생들도 수학 시간이 너무나 재미없게 느껴질 것이다.

반면에 양의 정수, 음의 정수, 또는 피타고라스의 정리 등을 가르칠 때 '지금 내가 이야기하고자 하는 것은 세상에서 가장 재미있는 것이고, 이것을 모르고 살아가는 것은 평생의 손해다'라는 마음으로 열정을 다하는 교사도 있다. 이러한 교사는 당연히 학생들이 따르게 마련이다.

사진작가 아라키 노부요시는 "사진은 훌륭한 카메라나 도구가 없어도 상대와의 관계를 통해 찍을 수 있다"고 말한다. 이 말을 듣고 '아, 사진 전문학교에 가지 않아도 사진을 찍을 수 있겠구나.' 하고 생각할지도 모르지만, 여기에서 중요한 것은 아라키가 수없이 사진을 찍으면서도 전혀 싫증을 내지 않았다는 점이다.

만약 그가 '사진 찍는 게 지겨워졌다'고 느낀다면 그 순간 사람을 끌어당기는 힘도 사라지고 말 것이다. 기술이 있기 때문에 지겹다는 생각을 하면서도 사진을 찍을 수는 있다. 하지만 누군가에게 '나도 찍고 싶다' 는 마음을 불러일으키지는 못할 것이다. 이것이 중요한 포인트다.

상대방에게 동기부여를 하는 데 가장 중요한 것은 지금 나 자신도 그것을 동경하고 있다는 메시지를 마음속 깊은 곳에서부터 발산하는 것이다.

가르치는 사람은 끊임없이 공부를 해야 하는 이유가 바로 이것이다. 잘 가르치는 리더일수록 능력이 탁월해지는 이유도 여기에 있다. 지겨워하지 않으려면 더 높은 곳에 도전해야 한다. 더 넓은 맥락에서 바라보아야 한다. 열정은 그저 '열정적이어야 한다' 라는 당위적 감정만 가지고서는 유지될 수 없다.

리더가 동경하는 것을 **부하와 함께 연습하라**

사랑은 서로 마주 보는 것이 아니라 같은 곳을 함께 바라보는 것이다. 직장 생활도 마찬가지다. 최고의 회사는 비전을 공유할 수 있어야 한다. 가르침도 똑같다. 동경하는 것을 함께 즐기며 해보는 것이야말로 가장 뛰어난 학습이라 할 수 있다.

동경하는 것을 함께 하는 것은 부하와 리더가 적당한 거리를 유지할 수 있게 해주는 효과도 있다. 적당한 거리는 알맞은 권위와 객관성을 부여해준다.

사실 가정교육이 어려운 것은 부모와 자식 사이의 거리가 너무 가깝기 때문이다. 교육관계에서 너무 가까운 사이는 오히려 역효과를 가져올 수 있다. 아이만 쳐다보게 되기 때문이다. 아이에게거는 기대가 너무 클 경우 결과가 그에 미치지 못하면 실망도 큰 법이다.

부모가 아이 가르치는 일을 즐길 때 그런 마음이 자녀에게도 전달되게 마련이다. 아이에게 공부하라고 말하면서 부모 자신은 공부 따위는 절대로 하고 싶지 않다고 생각한다면 좋은 교육관계가 이루어지기 어렵다.

직장에서도 마찬가지다. 리더는 아끼는 부하직원이 있어도 티를 내서는 안 된다. 그 대신 동경하는 것을 보여주어야 한다. 그래야 부하직원의 존경을 받을 수 있다. 동경하는 것을 실천하는 '지행합일'의 자세를 보여야 부하직원도 상사를 믿고 열심히 배울 것이다.

예를 들어 부하직원에게 자료 정리를 잘하도록 가르치고 싶다면 리더 스스로 자기 책상 위와 서류철을 체계적으로 정리하는 모습을 보여주어야 한다. 그러면 부하직원은 자연히 따라오게 마련이다.

좀 우스운 얘기지만 내가 만화를 상당히 좋아하다 보니 내 아이도 자연스럽게 만화를 좋아하게 되었다. 그래서 차라리 제대로 읽혀보자는 생각이 들어 헌책방에서 만화책을 몇백 권이나 사다주었다.

그랬더니 읽고 싶다는 욕구가 눈덩이처럼 계속 커져서 어느 날에는 아이와 함께 책방에 가서 엄청난 양의 책을 사오게 되었다.

만화 쪽으로 너무 간 게 아닌가 싶어서 내심 반성하기도 했지만, 만약 음악의 세계라면 이 과정은 훨씬 더 쉬울 것이라는 생각을 했다. 자신이 좋아하는 음악을 틀어주고 "이 곡 재미있지?"라고 말한다. 아이의 반응이 좋으면 "이 곡은 어때?"라고 말하면서 다른 곡을 소개하는 것이다.

결론은 자신이 바라는 것을 부하직원과 함께 하라는 것이다. 자신이 좋아하는 것에 대해서는 누구나 동경하는 마음을 가지고 있으므로 밀어붙여도 크게 잘못되지 않는다. 하지만 자신이 좋아하지도 않는 것을 어떻게든 시켜야 한다고 생각하고 밀어붙이면 관계가 악화될 수밖에 없다.

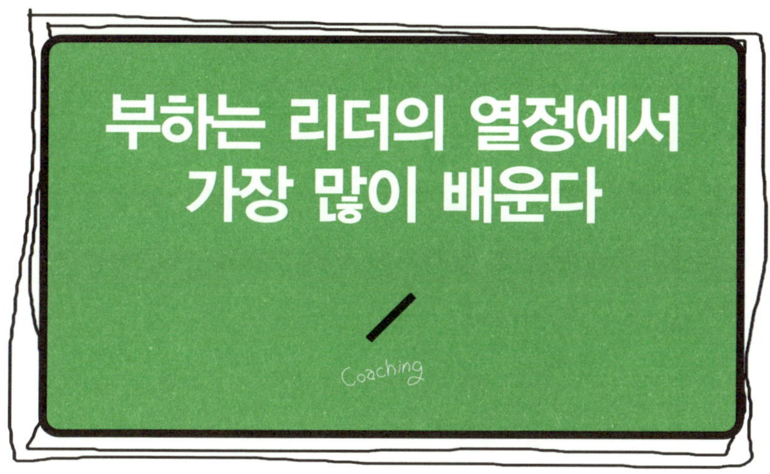

무언가를 향해 돌진하는 **리더는 감동을 준다**

가르치는 리더의 동경심은 부하직원들에게도 동경심을 불러일으킨다. 배우는 부하직원의 입장에서 보면 리더의 동경심을 동경하는 형태가 되는 것이다(다음 쪽 그림 참조). 그리고 보면 교육이란 참으로 단순명쾌한 것 같다. 가르치는 일의 밑바탕에는 이러한 관계성이 있고, 이런 경우 심지어는 가르쳐준 지식이 틀렸을지라도 사랑받을 수 있다.

가르치는 일에 능숙한 사람들은 하나같이 동경하는 대상에 대한 열정이 강하다.

예를 들어 앞에서 언급한 고이데 감독은 "나는 달음박질을 좋아하니까."라는 말을 자주 한다. 굳이 달리기라는 말 대신 달음박질이라는 말을 사용하는 데는 이유가 있다. 어릴 때 들판을 즐겁게 뛰어다니던 기억, 달릴 때의 흥분이 느껴지기 때문이다. 빠르게 달리는 것을 동경하던 그때의 상태를 '달음박질'이라는 말로 진공 팩처럼 만들어 지금도 여전히 가지고 다니는 것이다.

이런 이유로 고이데 감독은 아직도 선수들과 함께 달릴 수 있다. 빠르기로 말하자면 선수들 쪽이 당연히 앞서겠지만, 어쨌든 숙취가 있는 날도 거르지 않고 선수들과 함께 달린다고 한다.

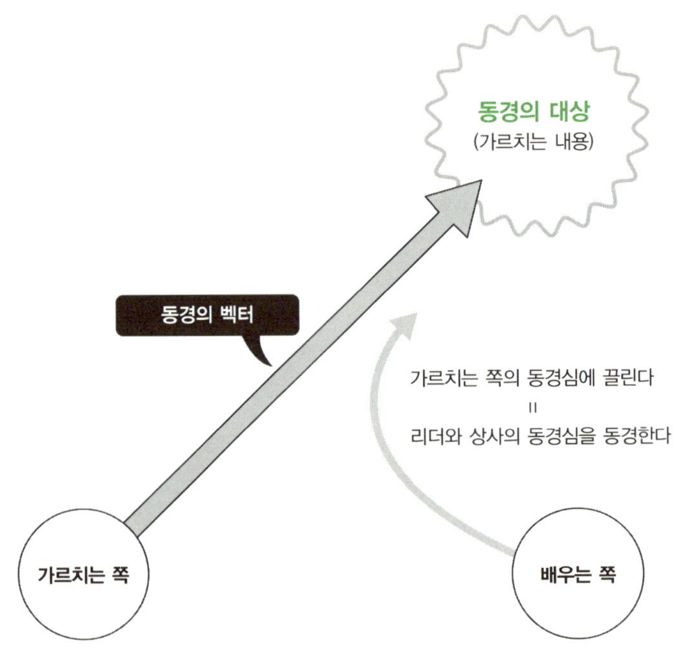

감독은 술을 마신 다음 날 아침에도 달린다. 그러면 선수들은 '정말 달리는 것을 좋아하는구나.' 하고 생각하게 된다. 선수들은 감독의 이러한 점에 이끌려, 자신도 달리는 것을 좋아하게 되고 저런 사람에게 가르침을 받아서 행복하다고 생각한다. 이것이 바로 교육의 기본 바탕이다.

아무리 훌륭한 훈련 계획을 세운 사람이라도 자동차나 자전거만 타고 다니며 결코 달리지 않거나, 달리는 것에 흥미를 보이지 않는다면 그것은 가르치는 것이 아니라 관리하는 것에 지나지 않는다.

이럴 경우 가르치는 상대에게 '다음 단계로 나아가며 함께 싸우고 있다'는 느낌을 불러일으키지 못한다. 함께 어딘가를 향해가고 있다는 느낌을 주는 게 중요하다.

어딘가를 향해 돌진하고 있는 벡터의 방향과 크기, 이것이 상대를 자극한다. 가르치는 데는 상대방을 고무시키고 자극하는 것이 가장 중요하다는 점을 잊지 말자.

동경의 파워는 대각선 방향으로 커진다

과학에서 말하는 벡터는 방향과 크기로 규정된다. 우선 어느 쪽을 향하고 있는지를 표시한 다음 그 힘의 크기를 벡터의 길이로 나타

낸다.

자신의 동경하는 힘을 이 두 가지로 생각해보자.

가르치는 쪽의 벡터 방향은 배우는 부하직원처럼 가르치는 상대를 향하는 것보다 다른 쪽을 향하는 것이 좋다. 그리고 그곳을 향해 달려가면 그 모습을 보고 배우는 쪽이 이끌려갈 때 이상적인 관계가 성립한다.

마주 앉아서 눈을 바라보며 차분히 이야기하는 것만으로는 소용없다. 행동은 말보다 강하다. 오히려 가르치는 사람이 어딘가를 향해, 특히 대각선 방향으로 돌진하고 있고 그 힘의 크기가 압도적으로 크면 주변 사람들을 자극하고 고무하게 된다.

지금 당신은 동경하는 마음을 가지고 있는가? 항상 이 물음을 스스로에게 던져보라.

'그다지 동경하고 있지 않다' 는 생각이 들면 일단 가르치는 입장에서 물러나는 것이 좋다. 지식이나 기술은 있지만 가장 중요한 영혼을 전달할 수 없기 때문에 단 한 사람의 마음도 움직일 수 없다. 이럴 때는 물러나서 동경하는 마음이 생길 때까지 기다리는 것이 좋다. 열정에는 기복이 있기 때문이다.

타자는 멋진 삼진으로도 **야구를 동경하게 만든다**

자신이 가르치는 내용에 강한 동경심을 가지고 있다고 하자. 하지만 그것만으로는 부족하다. 그 동경심을 상대방에게 보여주어야 한다.

사실은 좋아하지만 밖으로 드러나지 않는 사람도 있다. 특히 대학 교수에게 그런 경향이 있는 것 같다. 예를 들어 대학교에서 역사를 가르치는 교수는 역사를 좋아하기 때문에 연구를 계속하고 있을 것이다. 그런데도 가르칠 때는 너무나 담담해서, 그가 역사를 좋아한다는 사실이 학생들에게 전달되지 않는 경우가 많다.

동경하는 힘이 있어도 상대방에게 전달되지 않으면 아무 의미가 없다. 차라리 동경심이 좀 부족해도 상대방에게 동경심을 보여줄 수 있는 사람이 낫다.

프로라면 열정과 동경심이 이미 다 사라져버렸다 해도, 가르치는 현장에서는 즉시 예전의 열정이 솟아올라 순간 최대 풍속으로 흥분을 불러일으키고, 그 자리를 떠나서는 완전히 잊어버릴 것이다.

이러한 기세로 상대방에게 동경의 벡터를 보여준다. 이것이 바로 포인트다. 자신의 동경심을 표현하는 데 뛰어난 사람을 꼽으면 역시 나가시마 시게오(전 요미우리 자이언츠 감독)일 것이다.

그를 보면 동경하는 힘이 강렬하게 분출되는 것을 느낄 수 있다.

그는 현역 시절에도 그렇고 은퇴 후에도 "왜 다들 훈련을 싫어하나? 그냥 달리는 것뿐이라면 싫어질 수도 있겠지만 야구를 하고 있지 않은가?"라고 말한다.

그에게는 그라운드를 뛰어다니는 것이 너무나도 재미있다. 따라서 죽도록 뛰어야 하는 3루타가 홈런보다 훨씬 좋다. 삼진 당하는 것조차도 재미있다. 헛스윙을 할 때 헬멧이 벗겨지기 쉽도록 "조금 큰 크기의 헬멧을 쓰고 있다."라고 말한 적도 있다(나가시마는 일부러 조금 큰 헬멧을 써서 헛스윙할 때 헬멧이 멋지게 벗겨지는 모습을 보여주었는데, 이러한 모습이 관중들을 열광시켰다).

야구에 대한 열정과 동경심을 분출해서 타인에게 보여주는 것이야말로 '미스터 프로야구(나가시마의 별명)' 스타일이다.

카리스마란 바로 이런 것이다. 그 시절 많은 아이들이 나가시마를 동경해 야구를 시작했다. 그가 너무나도 활기차게 야구를 했기 때문이다. 자기 분야에서 최고인 사람은 역시 다른 법이다.

지금까지의 경험만으로 **가르치려 들면 안 된다**

가르친다는 것은 자신이 쌓아온 것을 전달하는 행위이지만, 끊임 없이 동경하고 배우지 않으면 아무것도 가르칠 수 없다.

"당신은 경험이 풍부하고 기술도 뛰어나다는 것을 잘 압니다. 하지만 당신은 지금도 여전히 신선한 기분으로 그것을 계속 공부하고 있습니까?"라고 물었을 때 "옛날에는 기획서 쓰는 법을 공부했습니다만 지금은 아닙니다."라는 대답이 나온다면 곤란하다.

가르치는 리더도 현재진행형으로 계속 공부해야 한다. 그것도 부하직원보다 몇 배나 빠른 속도로 말이다.

리더가 된 지 얼마 되지 않은 사람이 더 잘 가르친다는 이야기도 있는데, 한 가지 예가 있다.

어느 기업의 팀에서 핵심 리더가 여섯 명이나 배출됐는데, 그 배경에는 입사 초기에 그들을 가르친 초보 팀장의 영향이 있었다. 그 초보 팀장은 본래 마케팅 전담이었지만 구조조정 여파로 기획팀까지 맡게 됐다.

당시 초보 팀장은 기획에 대한 지식이 전혀 없었기 때문에 필사적으로 공부했다. 때로는 다른 회사에 근무하는 친구를 찾아가서 배움을 청하기도 했다.

이러한 노력도 훌륭하지만 무엇보다 필사적으로 배워보려는 상사의 모습이 부하직원들의 마음을 움직였다. 결과적으로 그 팀 모두가 기획 일을 사랑하게 됐다. 그리고 그 팀에서 여섯 명의 탁월한 리더가 배출된 것이다.

이처럼 리더가 배우고자 하는 의욕으로 넘칠 때 그 힘이 다른 사람들에게 흘러넘치게 된다. 인간은 모방하고 외부로부터 많은 영향을 받는 동물이다. 배우려는 리더의 감정, 열정, 의욕이야말로 최고의 학습 유발 요인이다.

가르치기 위해 **과감히 투자하라**

리더는 끊임없이 재교육을 받아야 한다. 업무이건 영어이건 간에 현재 위치에서 위를 보면 끝이 없을 것이다. 그 일에 대해 탁월한 능력이 있는 사람을 찾아서 계속 배울 필요가 있다.

가정에서도 마찬가지다. 음악을 좋아한다면 음악을 배우고 음악을 듣기 위해 많은 투자를 하지 않으면 안 된다.

당신은 지금 어느 정도 수업료를 내고 있으며, 가르치는 일에 어느 정도 투자를 하고 있는가? 이것은 배우고자 하는 힘에 비례한다.

가르치는 입장에 있는 사람이라면 항상 자신이 가르치는 것에 대해 투자를 하고 끊임없이 배워나가야 한다.

배우는 속도에서 부하들을 **따돌릴 수 있어야 한다**

가르치는 상사는 배움에 대한 지속적인 노력 말고도 배우는 속도에서도 부하들보다 빨라야 한다.

이는 학교 선생님도 마찬가지다. 예를 들어 학생들에게 한 달 동안 몇 권의 책을 읽었는지 질문하고, 적어도 그들보다 더 많이 읽었다고 말할 수 있어야 한다.

학생들에게 책을 많이 읽으라고 강조하면서 정작 자신이 책을 멀리한다면 진정한 스승이 될 수 없다. 학생보다 더 많이 공부해야 하고, 배우는 속도도 그들보다 항상 빨라야 한다는 것을 잊지 말자.

물론 지금까지 일을 하고 상사에게 시달리며 쌓아온 지식이나 공부해온 양을 모두 합치면 부하직원들보다야 당연히 많겠지만, 항상 그 순간의 속도가 중요하다. 부하직원들은 점점 새로운 지식으로 무장할 수밖에 없다. 반면 상사의 경험은 '중고'가 되고 값어치가 떨어진다. 이것이 오늘날 지식경쟁 사회의 특징이다.

비유하자면 예전에 좋은 것을 많이 먹었다고 해서 오늘, 내일, 아니 일주일은 굶어도 되는 것은 아니다. 마찬가지로 우리의 두뇌에도 (가르치는 리더라면 더욱더) 지적인 영양을 충분히 공급해야 한다.

가르치는 입장인데도 항상 배우지 않는 사람은 솔직하게 물러나는 것이 좋다. 부하직원들의 존경은 그냥 얻어지는 것이 아니다. 가르치는 대상을 계속 동경하고 부하직원들을 압도하는 속도로 계속 공부해야 그들도 따라오게 된다. 그것이 바로 진정한 카리스마다!

동경하는 힘은 **실력과는 무관하다**

'이렇게 훌륭한 것을 배우지 않으면 손해'라는 기운을 풍기면서 동경하는 힘을 보이는 것도 중요하지만, '이것을 잘하게 되면 이런 때에 도움이 된다'와 같은 배움의 필연성을 상대에게 이해시키는 것도 필요하다.

예를 들어 부하직원에게 영어를 배우게 하고 싶다면 외국인 클라이언트를 만났을 때 서툴지만 이야기를 직접 걸어본다. 그러고 나서 부하직원들에게 "봐, 말이 안 통하니까 곤란하지?"라고 말한다. "그래도 말을 걸어보려고 시도하니까 상대방도 기뻐하지? 말이 잘 통한다면 더 좋을 거야."라고 말해주면 누구나 영어를 배울 필요성을 이해하게 된다. 이 순간 영어에 대한 생각이 바뀌는 것이다.

못한다는 것을 부끄럽게 여길 필요가 전혀 없다. 배우는 자세, 즐기는 자세를 보여주는 것이 중요하다. 혹 부하직원 중에 리더인 당신보다 영어를 잘하는 사람이 있을 수도 있다. 그러나 당신은 배우고, 배움을 촉진하는 태도를 보여줌으로써 그의 존경을 받게 된다.

흔히 실력이 부족한 상사는 반면교사의 대상이 되곤 한다. 하지만 실력이 부족해도 동경하는 자세, 배우려는 자세를 보여주면 실력과 상관없이 훌륭한 리더가 될 수 있다.

실력은 좀 모자라도 좋은 것의 가치를 제대로 파악하는 사람이 결국은 승리하게 되어 있다. 초나라와 한나라의 대결을 이끌었던 항우와 유방의 사례를 보라. 항우는 모든 면에서 탁월했지만 유방은 그렇지 못했다. 하지만 유방이 이겼다. 그는 배웠고, 수용했기 때문이다. 그는 부하들을 동경함으로써 오히려 부하들을 가르치고 이끌었다.

동경하는 힘은 실력과는 전혀 관계가 없다. 어떤 것을 처음 시작할 때는 동경심이 가장 강한 시기이므로, 함께 시작해서 동경심을 보여주는 것이야말로 가르침을 베푸는 가장 좋은 방법이다. 실력 차이가 없기 때문에 상대방도 부담을 느끼지 않는다.

가르치는 내용에 대해 시범을 보일 정도로 실력이 쌓이지 않았

거나 시범을 보이면서 가르칠 만큼 시간적 여유가 없는 경우도 있
을 것이다. 그렇기 때문에 동경하는 힘이 중요하다.

　기획서를 잘 쓰지 못하기 때문에 가르치지 못하는 것이 아니다.
실력이 있어도 동경하는 마음이 없다면 리더가 되기 어렵다. 그러
나 실력이 없어도 동경하는 마음이 있으면 좋은 리더가 될 수 있다.
물론 실력은 없는 것보다 있는 편이 낫지만 실력이 조금 뒤떨어져
도 얼마든지 가르칠 수 있다.

5퍼센트만 흥미를 가지면 **어떤 일도 가르친다**

업무를 가르치는 경우는 몇 년째 그 일을 하고 있는 경우가 많기 때문에, 동경심을 계속 유지하는 것이 어려울지도 모른다.

그러나 자신의 업무를 모두 가르칠 필요는 없다. 자신이 하고 있는 업무 중에는 현재 흥미를 잃은 일도 많을 것이다. 젊었을 때는 재미있었지만 지금은 그 일이 재미없다고 느낄 수도 있다.

하지만 5퍼센트라도 흥미를 느낀다면, 그 일에 대해 도움을 받거나 참가시키는 방법이 효과적이다.

내가 아는 한 일러스트레이터는 항상 직원들에게 "재미없는 일은 있을 수 없다"라고 말한다. 재미없게 일하는 사람이 있을 뿐 재미없는 일이란 있을 수 없다는 강한 메시지를 발산하는 것이다. 그래서 그는 어떤 일이든 즐겁게 한다. 이것은 아주 강한 힘이다.

무리라고 생각하는 일인데도 계속하고 있다면 좋아하는 부분이 5퍼센트는 있기 때문이다. 이 5퍼센트를 끌어내 가르쳐야 한다. 가르치지 않으면 안 될 때는 그 일을 같이 하면 된다.

예를 들어 '이 작업을 할 때만은 즐겁게 할 수 있다'는 일이 있다면 이때만 부하직원에게 보여주는 것이다. 반면 죽고 싶은 기분으로 하고 있는 일이라면 다른 사람에게 보여주지 않는 것이 좋다. 자신이 힘들어하는 부분을 가르칠 필요도 있겠지만 그 효과는 그리 크지 않을 것이다.

특히 직장에서는 부정적인 면을 가르치고 있을 여유가 없다. 일의 재미있는 부분을 가르치지 않으면 그 부하직원은 회사를 그만두고 말 것이다. 재미있는 부분이 고작 5퍼센트일지라도 이 5퍼센트에 재미를 붙인다면 회사에서 자기 몫을 충분히 해낼 수 있다.

부서 간 연합으로 **프로젝트 팀을 만들어라**

프로젝트 팀은 그 프로젝트에 관해서는 의욕이 넘친다.

실은 프로젝트 팀을 통해 일을 가르치는 것이 가장 좋은 방법이라고 생각한다. 부서라는 고정된 관계 속에서 가르치는 것보다 부서를 초월해서 만든 프로젝트 팀에서 일을 가르치는 편이 자연스럽기 때문이다.

프로젝트 팀은 목표 달성을 위한 에너지가 넘친다. 그리고 동경하는 힘을 가지고 있다. 이 힘을 가지고 있지 않으면 프로젝트 팀은 제대로 일을 시작할 수 없다. 설사 기획이 불발로 끝났다고 해도 처음 시작할 때는 다들 설레고 기대감에 부풀 것이다.

팀에는 일을 강하게 추진하면서 팀을 이끄는 사람이 반드시 있다. 그런 사람과 있으면 '아, 일을 이렇게 신선한 감각으로 할 수 있다니…….' 라고 느끼게 된다.

또한 프로젝트 팀의 장점은 부서가 수평으로 조직되어 있어서 상하관계에서 오는 경직성이나 선생과 학생의 관계를 탈피할 수 있다는 것이다. 다른 부서의 상사는 말하자면 삼촌과 같은 존재로 대각선 관계라고 할 수 있다. 나는 교육에서 가장 좋은 관계는 대각선 관계라고 생각하는데, 직속 상사와 부하직원의 관계에서는 아무래도 가르치기 힘든 부분이 있기 때문이다. 고다 로한(1867~1947, 일본의 소설가)조차 딸에게는 직접 논어를 가르치지 않았을 정도다. 대신 이웃에 사는 학식 있는 노인에게 부탁해 딸을 가르치도록 했다고 한다. 이웃의 노인은 완전히 상관없는 관계는 아닌, 즉 대각선 관계다. 이런 관계가 가르치는 데 편하다.

사촌이나 삼촌과 같은 관계는 회사에도 존재한다. 업무를 가르칠 때는 이러한 관계가 더 편하다. 그 사람을 성장시켜야 한다는 책임이 적은 만큼 편하게 가르칠 수 있다. 이것은 같은 프로젝트를 맡고 있는 대등한 관계이기 때문이기도 하다.

부서나 지위를 초월한 관계를 이룰 수 있다면 경험을 통한 지식이 자연스럽게 흘러들어간다. 그러면 부하직원은 좋은 분위기 속에서 성장해간다.

보통은 부서에 배속되어 있기 때문에 틀에 박힌 업무가 많을지도 모른다. 물론 고정 업무도 중요하다. 하지만 '일을 가르친다' 는 관점에서 보면 정해진 업무가 80퍼센트를 차지한다고 해도 나머지 20퍼센트는 프로젝트 팀의 업무를 주는 것이 좋다.

회사 내의 누군가에게 동경심을 보여라

예를 들어 자신이 그다지 업무에 능숙하지 않다고 하자. 업무 성과도 별로 좋지 않은데 부하직원을 두게 되었다면 참으로 괴로울 것이다.

이런 경우에 그 사람에게 필요한 것은 무엇일까? 회사 내에 있는 일 잘하는 사람의 장점을 보여주면 된다. "부서는 다르지만 저 사람 정말 일 잘하지?"라고 그 사람을 동경하는 모습을 보여주는 것이다.

상사로서 자신에게 동경심을 가지게 하는 것이 무리라면 '나를 동경할 필요는 없어. 동경하는 힘을 동경해주면 충분하다.'고 생각하자. 이렇게 솔직한 상사의 모습이 부하직원들에게 더 큰 매력으로 다가갈 수 있다.

중학교 때 나의 음악 선생님이 그랬다. 음악 시간에 우리는 기타나 플루트 중 하나를 선택해서 연주해야 했다. 분명히 기타가 인기 있었는데도 많은 학생들이 플루트를 선택했다. 플루트는 3학년이 돼서도 소리를 못 내는 학생이 있을 정도로 연주하기 어려운 악기다. 하지만 어째서 많은 학생들이 그 어려운 플루트를 선택했을까? 그것은 바로 선생님의 플루트에 대한 흥미와 열정이 학생들의 마음에 영향을 미쳤기 때문이다. 그렇다고 선생님의 연주가 훌륭했는가 하면 그렇지도 않았다. 하지만 선생님은 이렇게 말했다. "나는 플루트를 잘 불지는 못해. 하지만 한 달에 한 번 도쿄에 가서 훌륭한 선생님한테 배우고 있지."

이 말을 듣고 우리는 선생님을 존경하게 됐다. 본인은 능숙하지 않지만 더 훌륭한 선생님이 있고 그분한테 우리 선생님이 배우고 있으며, 정말로 실력이 점점 나아지고 있었기 때문이다.

이처럼 자신을 동경하게 할 수 없다면, 자신이 존경하는 상사나 선배의 훌륭한 점을 전하는 방법도 있다. 부하직원이나 후배에게 "상사(선배)가 이러한 것을 나에게 가르쳐주었고, 나는 그것을 너희들에게 전해주겠다."고 말하는 것이다.

가르치는 사람의 실력이 부족해도 동경하는 마음은 계속 키울 수 있다. 배우는 사람은 가르침을 받은 대로 연습하는 성실함과 겸허하게 배우는 자세를 존경한다. 이러한 배움의 자세를 지닐 때 다른 사람을 진심으로 가르칠 수 있다.

의욕 없는 리더와 부하를 위한 '비장의 팁'

의욕이 없는 부하직원을 보면 답답하기 짝이 없다. 그런 사람일수록 동경심을 전하는 것이 중요하다. 일은 재미없고 힘든 것이 아니라, 내가 재미있게 하느냐 마느냐의 차이가 있을 뿐임을 알려주는 것이다.

그러기 위해서는 "이렇게 하면 재미있겠지?"라고 직접 행동으로 보여주는 것이 가장 좋다. 하지만 시범을 보일 수 없는 경우도 많다. 이럴 경우에는 회사를 벗어나 비슷한 직종에서 많은 사례를 찾아 보여주는 것이 좋다.

NHK의 〈프로젝트 X(전후 일본의 신기술 개발 등에 참여한 사람들이 열정과 조직력으로 난관을 뚫고 프로젝트를 성공시킨 과정을 소개한 다큐멘터리)〉

라는 프로그램에서 그러한 예를 찾아볼 수 있다. 그들은 이름도 알려져 있지 않고 대단히 특출한 사람도 없지만, '좋은 일을 한다는 것은 힘들지만 재미있다'는 것을 알려준다. 따라서 이 프로그램의 스태프가 됐다고 생각하고 일에서 재미있는 부분을 부하직원에게 보여줄 수 있다(이는 콘텐츠 발굴의 좋은 사례다. 뒤에서 자세히 다룬다).

의욕이 없다는 것은 곧 일의 재미를 이미지로 그리기 어렵다는 얘기다. 따라서 상사는 어떻게 하면 일이 재미있게 느껴지는지를 알려주어야 한다. 언제부터인가 의욕이 시들해진 부하직원에게는 도전할 마음이 생기는 업무를 배정하는 것이 비결이다.

일할 의욕이 사라지는 것은 대개 자신이 더 이상 성장하지 않고 제자리를 맴돌고 있거나 오히려 뒤처지고 있다는 생각이 들 때다.

언제나 똑같은 사무처리 업무를 하거나 아무리 해도 기술이 나아지지 않을 때, 새로울 것이 없을 때에는 일하는 재미를 못 느끼게 마련이다. 따라서 업무를 너무 제한하는 것은 좋지 않다. 처음에는 어느 정도 업무를 한정해서 역할을 확실히 해내게 할 필요가 있지만, 익숙해지면 조금씩 어려운 일을 부여하는 것이 좋다. 항상 자신이 성장하고 있다는 느낌이 들게 하는 것, 이것이 바로 비결이다.

이와는 반대로 자신이 좋아하지 않는 일을 가르쳐야 할 때도 있다. 내가 의욕이 없는데, 도대체 어쩌란 말인가? 비결이 있다. 요령껏 일을 처리하는 노하우를 가르쳐주는 것이다.

좋아하지 않는 업무를 할 때는 열정이 없기 때문에 최소한의 노력으로 어떻게 효율적으로 일할 것인가를 생각하게 된다. 그게 인간의 본성이다. 그 일을 아예 피해버릴 정도로 싫어하는 사람이라면 가르치는 일은 무리겠지만, 그래도 어떻게든 하고 있다면 나름대로 요령을 터득했을 것이다. 따라서 '요령껏 하는 부분'이라도 부하직원에게 가르쳐주면 좋을 것이다.

"나는 솔직히 이 일을 좋아하지는 않네. 하지만 자네에게는 효율적이고 스트레스를 덜 받으며 일할 수 있는 비결을 가르쳐주지."

또한 진척되는 것 자체를 즐기는 방법도 있다. 업무가 단순해 재미는 없지만 어쨌든 끝내야만 하는 일이라면 그 일이 진척되는 것을 게임처럼 생각하고 즐기는 것이다. 그러면 가르치기가 한결 수월해진다.

3

강한 인재를 원한다면
냉정하게 평가하라

어디가 좋고 어디가 나쁜지, 지금 무엇을 할 수 있고 무엇

을 할 수 없는지를 확실히 하면, 나쁜 상태를 개선하기 위해서

어떻게 해야 하는지를 알게 된다. 즉 자신을 평가의 자리에 서게

할 용기가 있는 사람으로 성장한다.

리더는 평가의 잣대 앞에 부하직원들이 주눅 들지 않도록 가르

쳐야 한다. 평가가 곧 인간성의 부정이 아님을 보여주어야 한다.

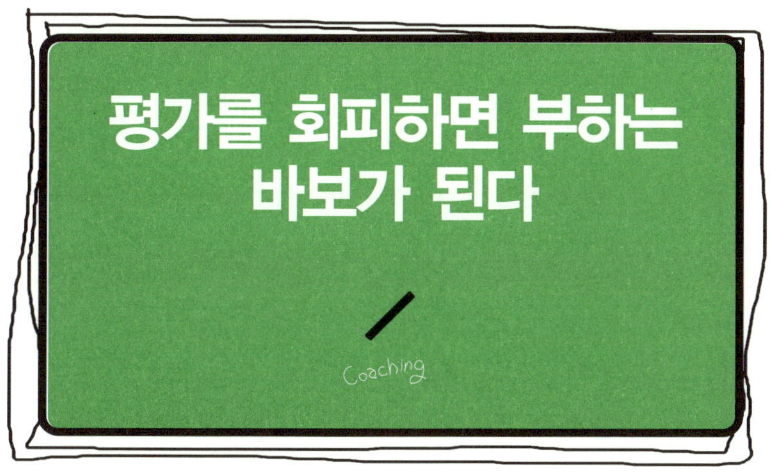

평가하는 것을 **두려워하지 마라**

칭찬 열풍이 불어닥친 적이 있다. 칭찬은 고래도 춤추게 한다면서 모두들 장점, 긍정적인 면에만 주목했다. 그러나 과유불급이라는 말이 있다. 부족한 면을 확실히 지적할 수 없다면 칭찬은 아무런 의미가 없다. 아니, 강한 인재는 '혹독한' 평가의 담금질을 거쳐야만 탄생할 수 있다.

지금 교육현장에서는 학생들에게 '할 수 있다, 없다'를 지적할 경우 그 아이의 인간성을 부정할 수 있다고 생각하는 사람들이 많다. 그럴 경우 아이가 의기소침해져 자포자기가 되기 쉽다는 것이다. 그런 결과를 걱정해서 "할 수 있다, 없다는 언급을 하지 않도록 한다. 할 수 있고 없고가 인생에 관계있는 것은 아니기 때문이다."라며 평가를 회피하고 있다.

그러나 나는 극단적으로 말하면 그런 학교는 제 역할을 하지 못하는 것이라고 생각한다. 그런 학교야말로 사회와 기업과 나라에 나약한 인재를 떠넘기는 민폐를 범하는 주범인 것이다.

학교나 회사에서는 '할 수 없는 상태에서 할 수 있는 상태로 바꾸는 것'을 배워야 한다. 이는 경쟁하라는 말과는 다르다. 회사에서는 새로운 직원이 할 수 없는 상태에서 할 수 있는 상태로 만들어 회사에 도움이 되도록 해야 한다. 하지만 이것이 목표임에도 다들 기본을 회피하고 있다.

그러다 보니 배우는 쪽은 시련에 약한 사람이 된다. 조금이라도 혼이 나면 큰일 나는 줄 안다. 평가받는 것만으로도 재기 불능에 빠지고 만다. 약해빠진 감성이다. 자유로운 감성이라고 생각할지도 모르겠지만 이것은 나약함에 지나지 않는다.

그렇게 되면 머지않아 평가받는 것 자체를 회피하게 된다. 테스트나 발표회, 시합이 싫어지고, 중요한 자리에서 도망치기도 한다. 하지만 살아가려면 역시 자신을 내보이는 용기가 꼭 필요하다.

이러한 나약함은 가르치는 사람이 제대로 지적하지 않기 때문에 생겨난 것이다. 기업이 죽지 않으려면, 리더는 직원들에 대해 과감히 말하고 평가할 수 있어야 한다.

주저하지 말고 부하의 '등급'을 매겨라

태권도나 유도에서 색깔 있는 띠를 사용하는 것은 좋은 시스템이라고 생각한다. 유파에 따라 다를 수도 있겠지만 보통 검은 띠(초단)로 갈 때까지 노랑, 초록, 파랑, 밤색 등의 색깔을 거친다. 띠의 색깔은 확실한 평가를 나타내는 상징이다. 그렇다고 겁낼 필요는 없다. 급이 세분화되어 있어 몇 개월간 열심히 노력하면 상급으로 올라갈 수 있기 때문이다. 급이 두 개 정도 쌓여서 띠의 색깔이 바뀔 때의 성취감은 살아가는 데 소중한 경험이 된다.

태권도나 유도와 같은 무도는 훈련도 엄격하고 구기와 같은 재미도 없다. 따라서 그만큼 아이들을 끌어당기기 위한 시스템이 발달해 있다. 뿐만 아니라 객관적인 평가의 기준이라는 것을 들이대어 동기를 부여한다. 확실한 평가를 받음으로써 오히려 당당해지고 목표가 분명해지는 것이다.

그러나 요즘의 학교는 어떤가. 급을 붙이거나 색 띠를 두르는 일이 없다. 옛날에는 하모니카로 불 수 있는 곡의 수를 흔히 막대그래프로 그리거나 스티커를 붙여서 나타냈다. 하지만 오늘날에는 어떤 교실에서도 그런 풍경을 찾아볼 수 없다. 이런 상태에서 어른이 되었으니, 영업 성적이 막대그래프로 그려지는 것을 보고 못 견뎌 하는 것은 어쩌면 당연한 일이다.

평가받는 것에 익숙해지면 하모니카를 못 불어도, 곱셈이 늦어도 의기소침해지기는커녕 오히려 분발의 계기로 삼게 된다. 평가에 익숙하지 않기 때문에 나쁜 결과가 나오면 쉽게 좌절하게 되는 것이다. 단 하나의 평가가 모든 사람들의 평가인 양 느끼는 것은 평가받는 데 익숙지 않기 때문이다.

입시전쟁이라는 말도 이젠 옛말이다. 지금은 이러한 전쟁에서 떨어져나온 사람의 수가 압도적으로 많다.

이런 사람들이 회사에 '인재' 라는 꼬리표를 달고 들어오면 어떤 일이 벌어질까? 기업들의 인재 평가 시스템을 무력화시키는 결과를 낳는다. 평가에는 개선이 뒤따라야 하는데, 평가 자체에 익숙지 않으니 좌절하고 주저앉고 결국에는 평가라는 제도의 근본 취지마저 흔들어버린다.

평가란 그 사람에게 재능이 있는지 없는지를 알아보는 것이 아니다. '근본적으로 틀려먹었다' 는 것을 알려주는 것이 아니라 그 사람의 장점과 단점을 파악하고 지적하는 것이다.

어디가 좋고 어디가 나쁜지, 지금 무엇을 할 수 있고 무엇이 안 되는지를 확실히 하면, 나쁜 상태를 개선하기 위해서 무엇을 해야 하는지를 알게 된다. 즉 자신을 평가의 자리에 서게 할 용기가 있는 사람으로 성장한다.

리더는 평가의 잣대 앞에 부하직원들이 주눅 들지 않도록 가르쳐야 한다. 평가가 곧 인간성의 부정이 아님을 보여주어야 한다.

똑똑한 부하일수록 자신을 냉정히 평가한다

물론 누구나 약점을 지적받으면 기분이 좋지 않다. 하지만 평가를 제대로 받아들여 자신을 객관적으로 볼 수 있는 '자기 객관화 능력'을 통해 사람은 성장한다.

자기를 객관적으로 볼 수 없는 사람은 양극단을 왔다 갔다 하게 된다. 남들은 안중에도 없는 자만심 덩어리가 되거나, 정반대로 남들 앞에 서는 것 자체를 거부하는 '히키코모리(소위 '방콕족', 방 안에 틀어박혀 사는 사람들-옮긴이)'가 된다.

자신을 진정으로 긍정하는 사람은 자신을 냉정하게 평가할 줄 안다. 자만심이 강한 사람은 겉보기에는 쾌활해도 실적은 전혀 없이 20대를 보낼 것이다. 이런 사람이 30대가 되면 아무도 상대해주지 않는다. 결국 주저앉게 된다. 히키코모리가 20대부터 주저앉아 평생을 그렇게 사는 것과 별반 다를 바가 없다. 극과 극은 통한다는 평범한 진리를 여기서도 발견할 수 있다.

기업 현장은 혹독한 곳이다. 경영자들은 회사가 가혹한 시장 경쟁을 뚫고 살아가는 것과 마찬가지로 인재들도 그럴 수밖에 없다고 믿는다. 이런 곳에서 살아남고 성장하고, 성공하려면 자신을 긍정적으로 바라보는 마음의 힘이 반드시 필요하다. 하지만 그런 힘은 자신을 객관적으로 평가할 안목이 없다면 사상누각에 지나지 않는다.

자기 객관화 능력과 긍정의 힘은 비즈니스맨들에게 꼭 필요한 좌우의 날개라 할 수 있다. 리더는 두 날개가 균형을 잡을 수 있도록 꾸준히 가르쳐야 한다.

가장 이상적인 것은 자기 긍정의 힘이 충만하면서도 자기 객관화가 가능한 상태다(그림 A). 자신감은 충만하지만 객관화할 수 없는 사람은 쉽게 말하면 우쭐거리는 상태라고 할 수 있다(그림 B). 그리고 자신감도 없고 객관화도 할 수 없는 사람은 격려하기가 무척 힘들다(그림 D).

자신감도 없고 객관화도 할 수 없는 D부분의 사람에게는 우선 자신감을 심어주고 객관화 능력을 길러주어야 한다. 즉 무슨 수를 쓰든지 자신감을 심어줘서 자신은 있지만 객관화 능력은 없는 B상태로 이동시키거나, 객관화를 가능하도록 해서 C상태로 이동시켜야 한다.

자신감을 심어주는 데는 져주는 것도 한 가지 방법이다. 예를 들어 장기를 둘 때 한 수 위인 사람이 일부러 져주는 것이다. 그러면 '난 장기 실력이 뛰어나!' 라는 생각에 자신감이 붙어 '한 번 더 둘까?' 라는 의욕이 솟구친다. 그러면 다시 한 번 져준다.

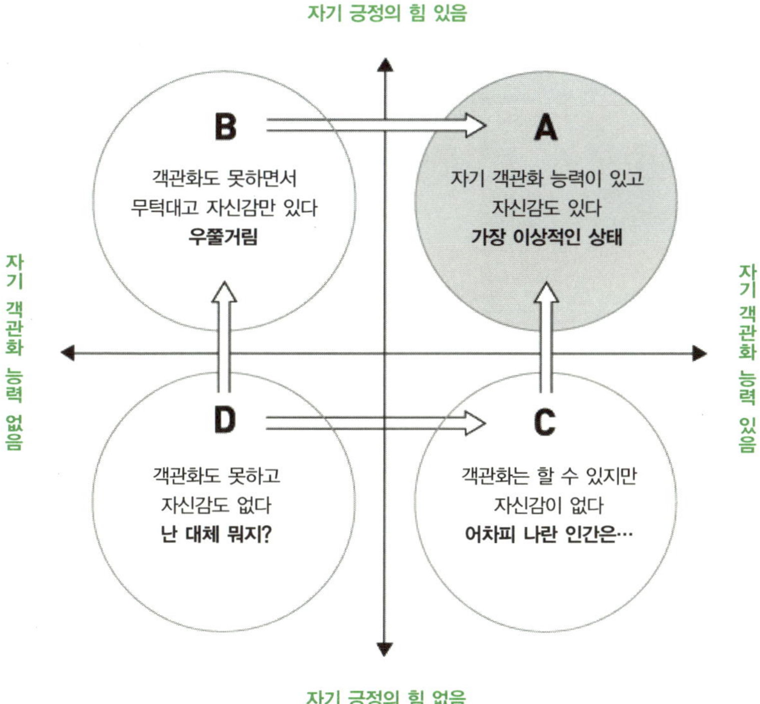

D부분의 사람은 우선 자신감을 심어줘서 B로 이동시키거나, 객관화 능력을 키워 C로 이동시킨다. C부분의 사람은 자신감을 심어주고, B부분의 사람은 객관화 능력을 키워준다.

기획서를 쓰거나 프레젠테이션을 할 때도 힘을 북돋아준다. 우쭐거리는 것도 자기 연습의 연장이므로 나쁘지 않다. 처음 시작할 때 동기를 자극하는 데는 괜찮은 방법이다.

그러나 이것은 어디까지나 극약 처방임을 명심하자. 업무에서는 우쭐거리다가 큰 실수를 저지르는 경우도 많기 때문이다. 자신을 객관화하는 능력도 없는데 자신감만 충천해 있는 것은 상당히 위험하다. 최악의 경우에는 자기 객관화 능력을 기를 필요성도 느끼지 못하고 다른 사람의 평가에 귀 기울이지 않는 사람이 될 수 있다.

회사에서 평가는 꼭 필요한 부분이다. 리더가 평가하기를 주저하고 회피하면 부하직원은 더 극단적으로 회피하게 된다.

'평가력'은 3단계로 구성된다

앞에서 언급했듯이 평가를 피하는 것은 나약한 사람을 만드는 원인 중 하나다. 따라서 가르치는 리더는 정확한 평가를 내려야만 한다. 이것만이 평가의 목적은 아니다. 또 한 가지 중요한 포인트는 상대를 성장시키기 위해 평가한다는 점이다.

상대로 하여금 나아지게 하지 않는 평가나 좋은 부분까지 나쁘게 만드는 평가라면 하지 않는 편이 낫다. 즉 평가력을 갖춘 리더란 상대의 성장을 이끌어내기 위한 평가를 내리는 사람이다.

평가력은 다음 그림처럼 단계적으로 생각할 수 있다.

우선 평가를 내리기 위해서는 상대방의 좋은 점과 나쁜 점을 파악해야 한다. 따라서 무엇보다 좋고 나쁨을 꿰뚫어보는 안목을 키우는 것이 중요하다.

안목이 생기면 나쁜 점을 개선하기 위한 적합한 코멘트를 해주거나 연습 메뉴를 알려준다. 이 두 가지는 같은 차원, 즉 같은 레벨이다.

그 다음 단계로 자신이 가진 평가력을 상대에게 전해준다. 즉 평가의 눈을 전수하는 것이다. 그렇게 함으로써 배우는 사람은 스스

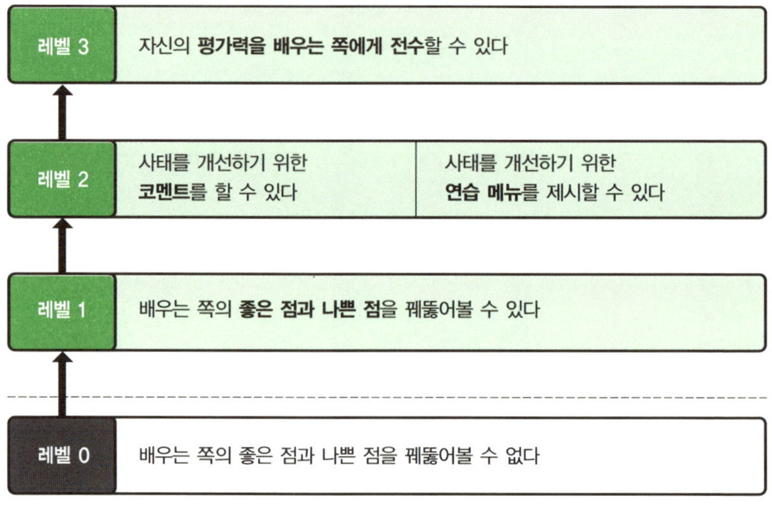

평가력은 3단계로 나뉜다. 우선 배우는 쪽의 좋은 점과 나쁜 점을 꿰뚫어볼 수 없는 〈레벨 0〉에서 꿰뚫어볼 수 있게 되는 〈레벨 1〉을 목표로 한다.

로를 성장시킬 수 있다. 자신의 좋고 나쁜 점을 알면 스스로 '이건 좋았어!' '이건 아니야.'와 같은 말을 걸면서 나쁜 점을 개선해 나가는 힘이 생긴다.

여기까지 할 수 있으면 당신은 상당한 평가력을 가진 리더라고 할 수 있다.

평가하기 전에 **한 번만 더 생각하라!**

평가력의 전체 모습을 그려볼 수 있었는가. 그렇다면 이 시점에서 강조하고 싶은 것이 있다. 그림의 레벨 1에서 레벨 2로 나아가기 전에 '잠시 멈춰 생각하라'는 것이다.

상대의 나쁜 부분을 알았을 때 그것을 개선하기 위해서는 어떻게 해야 하나? 코멘트를 하는 것이 좋을까? 연습 메뉴를 제시하는 것이 좋을까? 코멘트를 한다면 어떤 코멘트를 해야 개선할 수 있을까? 연습 메뉴를 제시한다면 어떤 것이 좋을까? 이런 점들을 찬찬히 생각해봐야 한다.

코멘트를 하는 경우 깊이 생각하지 않고 나쁜 점을 있는 그대로 지적하면 부정적인 코멘트가 나오게 된다. "이건 안 돼!"라는 말을 해봤자 상대는 좋아지지 않는다. 따라서 멈춰 서서 어떤 코멘트가 상대에게 자극을 주어 스스로 상태를 개선해 나갈지 생각한다. 여기에 충분한 시간을 들이도록 하자. 안목은 있어도 코멘트 능력이 없는 경우가 상당히 많다. 이것은 상대를 성장시키겠다는 의식 없이 코멘트를 하기 때문이다.

같은 레벨인 연습 메뉴를 제시할 때도 '이것을 모른다면 어떤 문제를 풀게 해야 할까?' '이것을 하지 못한다면 어떤 업무를 시켜야 할 수 있게 될까?' 하고 찬찬히 생각하도록 한다.

86쪽 그림을 보고 자신은 어떤 단계에 있는지 생각해보자. "좋은 점과 나쁜 점의 포인트는 보였지만 아무 생각 없이 코멘트를 했어." "보이긴 보였는데 연습 메뉴를 제시한다는 발상을 못했군." 등 짚이는 곳이 있을 것이다.

'좋은 것'이란 도대체 무엇일까

평가란 좋고 나쁨을 지적하는 것이다. 즉 좋고 나쁨을 모르면 평가를 할 수 없다. 좋고 나쁨을 꿰뚫어보는 힘, 이것이 바로 안목이다.

안목이란 구체적으로 말하면, 우선 '좋은 것이 무엇인지(어떤 상태인지) 아는 것', 그리고 '이러한 것들의 우열을 파악하는 것'이다.

어떤 것이 좋은 것인지 잘 모른다면 좋은 결과를 기대할 수 없다. 가르칠 기력도 있고 여러 가지 방법론도 알고 있지만 목표로 할 '좋은 것'에 대한 관점이 잘못되어 있다면, 그 결과는 '이 사람에게 배워도 절대 좋아지지 않는다' 는 것이다.

예를 들어 피아노를 가르칠 경우 피아노를 잘 치는 좋은 방법이 뭔지를 정확히 알아야 한다. 일을 가르치려 한다면 그 일의 성공 사례나 그 일을 '할 수 있는 사람' 이 어떤 사람인지 알고 있어야 한다. 이것이 바로 포인트다.

이를 위해서는 가르치는 사람이 좋은 것을 많이 접해야 한다. 가능한 한 많이 알고 있어야 하고, 좋은 것들의 우열을 구별할 줄 알아야 한다.

실력이나 감각이 떨어지는 상급자라 해도 똘똘한 부하직원을 가르칠 수 있다. 아무래도 상급자는 경험이 풍부하기 때문에 그만큼 안목이 남다르다. 하지만 엄격히 말해 나이는 숫자에 불과하다. 시간은 저절로 상사를 리더로 만들지 못한다.

좋은 안목은 꾸준히 노력하는 자세를 통해서만 획득될 수 있다. 세상만사가 다 그러하듯이 말이다.

여러 가지 관점에서 생각을 전개해보라

그 다음으로 중요한 것은 여러 가지 관점에서 좋고 나쁨을 파악하는 일이다. 평가를 내릴 때는 여러 가지 관점에서 바라보아야 한다.

한 가지 관점에서 접근할 경우 '전부 틀렸다' 거나 낮은 평가밖에 내릴 수 없다. 하지만 상대의 성장을 위해서는 '이 부분만 보면 괜찮지만 다른 관점에서 볼 때는 조금 부족하다' 는 평가도 할 줄 알아야 한다.

나는 30개 정도의 출판사와 관계를 맺고 있어 많은 편집자들을 알고 있다. 그들과 함께 일하다 보면 그들의 실력을 여러 가지 관점에서 평가할 수 있다. 예를 들어 "A사의 B씨는 자료 수집이 아주 빠르고 C사의 D씨는 원고 정리가 능숙하며 E사의 F씨는 아이디어가 풍부하다."는 식이다. 그러면 "당신은 편집자로서 50점"이 아니라 "이 부분에 대한 능력은 80점이지만 저 부분은 30점이다."와 같은 평가를 내릴 수 있다.

여러 가지 관점에서 좋고 나쁨을 파악할 수 있는 힘을 기르기 위해서는 다양한 각도에서 봐야 한다. 그리고 "이 사람은 이 부분에서 능력이 뛰어나다." 또는 "이 경우는 이러한 관점에서 보면 아주 좋다."와 같은 방식으로 정리해 나간다.

여러 가지 사례를 경험하다 보면 가르치는 쪽은 한 번 본 것만으로도 상대방에게 어떤 능력이 어느 정도 부족한지 알 수 있게 된다.

예컨대 야구나 축구 감독은 수많은 선수들을 봐왔기 때문에 어떤 선수에게 부족한 것이 무엇인지 꿰뚫어볼 수 있다.

안목이 있어야 **부하를 잘 훈련시킨다**

한 가지 타입의 사람밖에 가르칠 수 없는 사람은 자유자재로 가르치기 어렵다. 예를 들어 운동신경이 뛰어나고 기력이 넘치는 아이는 잘 가르치는데, 다른 타입의 사람은 전혀 가르치지 못하는 것이다. 그렇게 되면 결국 가르치는 상대를 선택할 수밖에 없다.

한 부모에게서 나고 자란 형제도 타입이 전혀 다르다. 학생과 부하직원의 경우도 마찬가지다.

타입이 다르면 성장 과정이나 목표도 다르게 마련이다. 따라서 각자에게 맞는 방법으로 가르쳐야 한다. 즉 각 타입에 맞는 연습 메뉴를 제시하는 것이다. 이것은 '상대가 어떤 타입인지를 꿰뚫어보는 안목' 없이는 불가능하다.

예를 들어 고이데 감독은 아리모리 유코와 같은 자립심이 강한 선수, 스즈키 히로미와 같이 소질은 있지만 훈련을 싫어하는 선수, 다카하시 나오코와 같이 아직 만개하지는 않았지만 가능성이 큰 선수 등으로 구별해 각 타입에 따라 접촉 방법을 달리하고, 다른 연습 메뉴를 제시했다고 한다.

우선은 상대를 '씨앗'으로 보고 그것이 해바라기 씨앗인지 백합 씨앗인지 달맞이꽃 씨앗인지를 파악해야 한다. 그런 다음 각각의 타입에 맞는 이상형(가장 아름다운 상태)을 찾는 것이 중요하다. 요컨대 어떤 꽃이든 아름답게 피울 수 있다는 것을 염두에 둔다.

하지만 꽃을 아름답게 피우기 위해서는 그 꽃이 피었을 때의 아름다운 상태를 알고 있어야 한다. 해바라기의 아름다움을 모르는 사람은 해바라기를 아름답게 키울 수 없다. 또한 장미꽃만 아름답다고 생각하는 사람은 달맞이꽃을 아름답다고 생각할 리가 없으므로, 그 씨앗이 있다는 것조차 모를 것이다.

어떤 씨앗인지 꿰뚫어보고 그 씨앗이 개화했을 때의 모습, 즉 이상형을 찾는다. 이러한 안목을 기르기 위해서는 여러 가지 타입을 보고 각각의 좋은 모습을 동경할 수 있어야 한다.

여러 가지 타입을 알고 아울러 여러 가지 관점에서 바라볼 수 있다면, 가르치는 대상의 폭도 넓어져 "이 타입은 이런 평가를 할 수 있고 이러한 연습 메뉴를 제시하면 된다"와 같은 대응이 가능해진다.

고이데 감독은 이렇게 말했다.

"노력형과 천재형에 대한 교육 방법과 지도법은 달라야 한다. 나는 아리모리와 스즈키처럼 완전히 대조적인 타입의 두 선수를 키웠는데, 비결은 '그 사람에 맞게 조언을 하라'는 것이다. 체형이나 얼굴 등 겉모습이 아무리 닮은 사람이라고 해도 서로 다른 점이 많다. 겉모습이 비슷하다고 똑같은 식사(메뉴)를 제공해서는 안 된다. 지도자는 최고의 요리사가 되어야 한다. 주어진 재료를 어떻게 최

고의 요리로 만들어 테이블에 장식할 것인가를 연구에 연구를 거

듭하지 않으면 안 된다."(《고이데 감독의 여성을 살리는 '교육 기술'》에서)

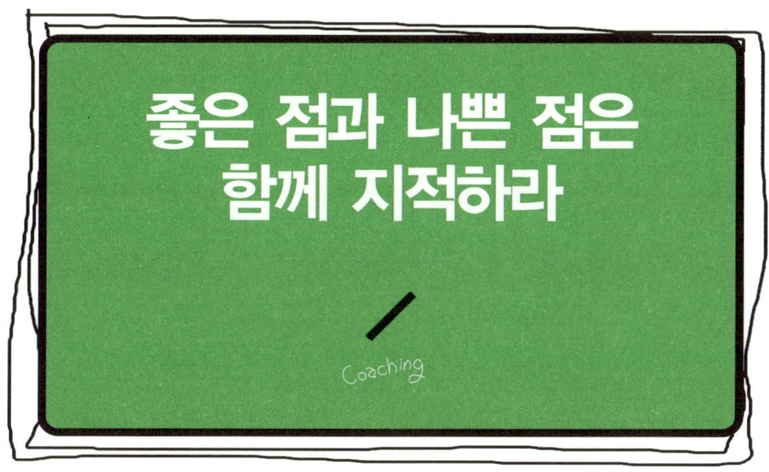

전부 안 된다고 **생각해서는 안 된다**

'할 수 있다 / 할 수 없다'는 평가는 '재능이 있다 / 없다'는 결론에 이르기 십상이지만 사실은 그렇지 않다. 평가란 주의 깊게 분석해서 어디가 좋고 어디가 나쁜지를 확실히 보여주는 것이다. 예를 들어 계산문제에서 답이 틀렸어도 문제를 푼 당사자에게는 나름대로의 법칙이 있을 수 있다. 따라서 이것을 찾으면 해결할 수 있다.

회사에서도 마찬가지다. 서양인들은 실적이 단 한 번만 나빠도 가차 없이 잘리는 경우가 많다. 일본은 그렇지 않다. 전체적으로 생각한다. 하지만 요즘은 좀 달라졌다. 기획서 한 장 못 썼다는 이유로 그 사람의 능력을 부정하거나 성장 가능성에 대해 고개를 젓는다. 평가할 때는 안목을 갖고 섬세하게 해야 한다.

여기가 나쁘기 때문에 이것도 나빠졌고 이 때문에 이와 같이 좋지 못한 결과가 나왔으므로, "이곳을 고치면 여기도 바로잡힌다"고 말할 수 있다. 또 "이곳을 개선하려면 이러한 방법이 있다"고 말할 수도 있다.

이러한 지도가 가능한 사람이라면 배우는 쪽은 매우 안정된 상태가 된다. 즉 전부 안 된다고 생각했던 것이 실은 일부에 지나지 않았고, 집중적으로 그 부분을 트레이닝하면 개선될 것이라고 생각하게 된다.

이를 위해서는 우선 안 되는 부분이 무엇인지 병원체를 찾아야 한다. 그리고 그 외의 부분은 분리해서 본다.

예를 들어 "자네는 일을 못하는군."이라고 말하는 것은 몸 전체의 상태가 나쁘다고 말하는 것과 같다. "기획력은 조금 부족하지만 정보 수집은 잘하겠지." "프레젠테이션은 꽤 잘하는데? 그럼 이 부분은 어떨까." 하고 주의 깊게 지켜보면 얼마 안 있어 병원체를 찾아낼 수 있다.

대화를 통해 나쁜 곳을 콕 집어내라

언젠가 장애아를 돌보는 사람을 만난 적이 있는데, 그는 어깨 결림이 너무 심해서 휴직까지 한 상태였다.

처음에는 그분도 나도 몸 전체가 나쁘다고 생각했다. 하지만 마사지로 계속 몸을 풀어주었더니 상태가 바로 호전된 부분이 있는 반면, 아무리 마사지해도 좋아지지 않는 부분이 있었다. 그래서 마사지해도 좋아지지 않는 곳을 찾기 위해 반응을 유심히 살펴보았다. 그리고 얼마 안 있어 도무지 호전되지 않는 근육 하나를 발견했다.

어느 한 부분이 안 좋았기 때문에 그 주변도 나빠졌고 결국 몸전체가 나쁘다고 생각한 것이다. 원인이 되는 근육을 알아낸 다음에는 무엇이 그 근육을 혹사시켰는지를 찾아보았다. 이런 식으로 다음 단계로 나가는 것이다.

근육을 결린 원인을 생각해보니, 덩치가 큰 장애아에게 밥을 먹일 때 왼손으로 장시간 몸을 지탱했기 때문이라는 사실을 알게 되었다.

원인을 알게 되자 '그럼 다른 방법으로 밥을 먹이면 되지 않을까' 라는 개선책을 생각할 수 있었다.

전체적으로 나빠 보여도 범위를 좁혀가다 보면 진원지를 찾아낼 수 있다. 그리고 이때는 대화를 통하는 것이 좋다. 가르치는 쪽에서 일방적으로 꿰뚫어보는 방법도 있지만, 대화하면서 찾는 편이 더 확실하다.

부하직원과 대화를 나누면서 좋고 나쁨을 평가하면 리더가 가지고 있는 평가력을 전수할 수도 있다.

부하직원에 대한 평가는 전체 실적을 보고 나서 하라

상사와 부하직원의 관계에서는, 그 부하직원이 지금까지 해왔던 전체 업무를 종류별, 랭킹별로 한눈에 알아볼 수 있도록 지도를 그리는 것이 중요하다. 즉 부하직원의 실적을 지도로 표시한 뒤에 세밀하게 분류해 나가는 것이다.

그러면 "이 일은 상대적으로 잘했군." "오래된 일이지만 그때 낸 아이디어는 정말 훌륭했어." "이 일은 좋은 요소들로 구성되어 있는데!" 하고 깨닫게 된다.

나쁜 부분이 있더라도 지도를 통해 전체를 보면 가르치는 쪽과 배우는 쪽 모두 객관성을 유지할 수 있다.

전부 이리저리 뒤섞어놓고 "자넨 틀렸어!" 하고 단적으로 평가하는 것은 좋지 않다.

좋은 교육관계란 가르치는 사람은 좋고 나쁨을 확실히 알려주고, 상대방은 그것을 자연스럽게 받아들이는 분위기에서 구축된다는 것을 잊지 말자.

말해도 소용없는 것은 **말하지 마라**

안목, 평가력이 뛰어나다고 해도 코멘트 능력과 연결되지 않으면 아무 소용이 없다.

누군가가 해준 칭찬이 한 사람의 인생을 바꾸어놓기도 한다. 그런가 하면 누군가로부터 들은 쓴 소리 덕분에 현재의 내가 있다는 사람도 있다.

하지만 상관도 없는 얘기나 어색한 겉치레 말, 상대방의 나쁜 점을 지적하는 등 분위기에 휘말려 자신도 모르게 튀어나온 코멘트는 전혀 효과가 없다.

나쁜 점을 발견하고 지적하는 것은 쉽다. 하지만 그러한 말이 상대방으로 하여금 스스로 개선하도록 분발시킬 수 없다면 차라리 말하지 않는 것이 좋다.

애정 없는 평가는 단순한 평론일 뿐이다

상대에게 "이것을 주의하면 좋아진다"는 말을 해주는 것도 중요하지만, 주의해야 할 포인트를 의식하면 오히려 상태가 나빠지는 경우도 있다. 따라서 가장 좋은 상태를 유지하기 위해서는 일부러 다른 부분을 의식하게 해서 좋은 결과를 유도하는 코멘트를 해줄 필요가 있다.

예를 들어 자전거를 처음 타보는 사람에게 바른 자세를 가르칠 경우 "등을 곧게 펴고!"라는 말보다 "먼 곳을 보고!"라는 말을 하는 것이 효과적이다. 즉 뭔가 연결고리를 생각해내는 노력이 필요하다.

상사들 중에는 가끔 평론가 타입도 볼 수 있는데, 좋은 점과 나쁜 점을 분석해서(대부분의 경우 나쁜 점만) 후벼 파듯이 지적한다. 물론 정확한 지적이라고 해도 듣는 사람은 완전히 의욕을 잃어버리고 만다.

이러한 평론가 타입은 뛰어난 안목으로 세밀한 분석은 할 수 있지만, 코멘트 능력이 없기 때문에 결국 상태를 개선하지 못한다.

상대방을 구석으로 밀어붙이는 말은 좋지 않다. 이런 사람은 직설적인 말을 듣고서도 성장할 수 있는 사람을 가르치는 데 적합하다.

장점을 북돋아주는 것이 **진짜 평가다**

나쁜 점을 거침없이 지적하는 것도 좋지 않지만 거꾸로 뭐든지 칭찬만 하는 것도 좋지 않다. 그럴 경우 상대방의 자기 평가 능력은 더 이상 향상되지 않는다. 결국 스스로 성장해 나갈 수 없고 실력도 없으면서 자신감만 넘치는 사람이 되어버린다.

그러나 가르치는 쪽이 충분한 안목을 가지고 있으면, 배우는 쪽이 좋은 상태일 때 "지금 아주 좋아."라는 말을 해주는 것만으로도 상대를 성장시킬 수 있다. 부하직원의 상태가 나쁠 때는 아무 말도 하지 않는 것이 낫다. 좋을 때만 "좋았어!"라고 코멘트해준다.

그 사람이 이상적인 결과를 이끌어냈을 때 "지금처럼 하면 돼." 라고 말해주면, 무의식적으로 하던 것이 의식화된다. 의식화가 가능하면 그 기술을 반복할 수 있게 된다.

가끔 무의식적으로 했는데도 성공했을 때, "방금 그거야!"라는 말을 들으면 '열 번 중에 한 번은 성공했어.'라고 생각하게 된다. 그러면 자신감이 생기고 그것을 의식화할 수 있다. 의식화가 가능하면 열 번에 한 번이었던 것이 두세 번으로 늘어난다. 최종적으로는 무의식으로도 열 번 모두 가능하게 된다. 이것이 성장의 수순이다.

포인트는 상대가 잘하는 것이나 상대의 좋은 부분을 '좋다'고 코멘트하는 것이다. 또한 상대가 가지고 있지 않은 것을 바라고, 가지고 있는 것을 부정하는 코멘트가 가장 잘못된 코멘트라는 점도 기억해두자.

제3자를 함께 **평가하라**

가르치는 사람은 배우는 쪽이 스스로 성장할 수 있도록 자신이 지닌 평가력을 전수해야 한다. '할 수 있는 것과 할 수 없는 것', '잘하는 부분과 부족한 부분'을 알면, 자신의 결점을 어떻게 고칠 수 있는지 생각하게 된다.

이를 위한 방법으로 가르치는 쪽과 배우는 쪽이 함께 제3자를 평가하는 것을 권하고 싶다. 예를 들어 야구를 가르치는 경우라면 함께 텔레비전으로 프로야구를 본다. 그리고 좋은 플레이가 나왔을 때 "방금 그건 좋았지?"라고 말해본다. 업무를 가르치는 경우라면 기획안의 어느 부분이 훌륭한지 함께 분석해본다. 이렇게 하면 배우는 쪽도 보는 눈을 키우게 된다.

나쁜 곳은 **스스로 평가하게 하라**

나쁜 곳을 스스로 평가하게 해보는 것은 아주 좋은 방법이다. 회사에서 실시하는 멘토링 제도를 활용해서 상사들은 부하직원들의 평가력을 키워줄 필요가 있다. 나 역시 교육현장에서 자기 평가 시스템을 적극 활용하고 있다.

공부를 가르칠 경우 성적이 나쁜 과목을 채점시키는 것도 좋은 방법이다. 항상 평가받는 입장이라 다소 의기소침해 있다면 채점하는 입장이 되도록 해본다. 그러면 "어째서 이런 문제 하나 못 푸는 거야!"라고 하면서 신나게 채점할 것이다.

배우는 사람에게 평가력을 심어주는 것은 중요한 일이다. 가끔 위에서 내려다보는 입장이 되게 해주면 객관적인 평가 능력을 심어줄 뿐만 아니라 자신감도 회복할 수 있게 해준다.

예를 들어 기획서 작성을 힘들어하는 부하라면 익명으로 쓰인 기획서를 몇 개 주고서 평가하게 해본다. 5명에게 각자 다섯 개를 평가하게 한 다음, 어떤 기준으로 평가했는지 서로 이야기를 나눠

보게 한다.

비록 자신은 잘 쓰지 못하지만 같은 테마의 기획서를 다섯 편 정도 읽으면 뭐가 좋은지 나쁜지가 눈에 보이고, 그 안에서 순위를 매길 수 있게 된다. 물론 그것이 절대적인 기준은 아니므로 객관적으로 생각해야만 한다.

다른 사람들과 의견을 나누다 보면 나름대로 기준이 생기기도 한다. 그런데 부하직원의 안목이 부족할 경우 의견이 엉뚱한 방향으로 갈 수도 있다. 이때는 리더가 나서서 "이것과 이것을 이러한 관점으로 보면 천지 차이지?"라고 바로잡아줄 필요가 있다.

예를 들어 '문장의 간결성이라는 관점'에서 볼 때 A는 풍부한 사례를 들었지만 간결성이 떨어지고, B의 문장은 거칠지만 간결하다는 식의 평가를 할 수 있다. 그리고 나서 핵심을 파악하고 있는지의 관점에서 살펴보면, C는 독창성은 있지만 핵심에서 벗어난다는 식의 평가를 할 수 있게 된다.

그 결과 자신이 직접 기획서를 쓸 때도 독창성은 있는지, 테마는 잘 따르고 있는지 등을 스스로 평가할 수 있게 된다. 평가의 회로가 만들어지는 것이다.

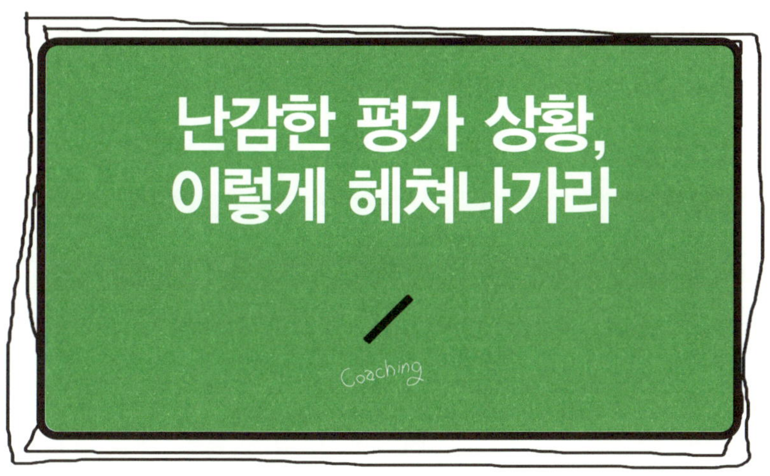

상황 1 야단만 치면 의욕을 잃는 부하직원

가르치는 사람은 야단치는 것이 아니라 '평가한다', '코멘트한다'고 생각해야 한다. 야단치거나 칭찬을 하는 것이 아니라 어떤 것을 잘하고 어떤 것이 문제인지를 파악해서 중요한 점을 코멘트한다고 생각하면, 야단치고 말았다는 죄책감도 떨칠 수 있다.

하지만 그 부하직원이 평가나 코멘트에 상처를 잘 받는 사람일 수도 있다. 따라서 부하직원이 정확한 평가를 받고 쓴 소리를 들을 때 성장하는 타입인지, 상처를 주지 않고 좋은 점을 칭찬해야 성장하는 타입인지를 먼저 파악해야 한다. 이 두 가지 포인트를 확실히 구별해야 한다. 상대가 자신의 약점을 정면 돌파할 수 있는 강인한 성격이라면 좀더 강한 코멘트도 받아들일 것이다.

사실 나쁜 점을 직접적으로 지적해야 성장하는 사람, 이로 인해 의욕이 생긴다는 사람은 드물다. 따라서 나쁜 점을 지적할 때는 칭찬과 함께 하는 것이 요령이다. 먼저 칭찬을 하고 그 다음에 나쁜 부분을 자연스럽게 이야기하는 것이다. 하지만 칭찬은 정확하고 객관적이어야 한다. 입에 발린 칭찬은 역효과를 낳을 뿐이다.

야단치는 것도 기술적으로 해야 한다. 상사 입장에서는 답답한 마음에 "당신은 이게 문제야."라고 말해버리면 속 시원하겠지만 상대방은 의기소침해지게 마련이다. 오히려 '이걸 고치면 이렇게 멋진 상태로 변한다' 는 점을 이야기하자. 즉 좋은 부분의 상태가 8점인데, 부족한 부분을 보완한다면 굉장한 효과가 생길 것이라고 말하면 훨씬 더 동기부여가 된다.

현실적으로는 '강인한 사람을 고용' 하는 것이 포인트다. 기업은 효과, 속도를 중시하는 조직이므로 직설적으로 의견을 교환하고 수용할 수 있는 사람이 결국 살아남는 법이다.

상황 2 누구는 편애하고 누구는 싫어한다는 오해

어지간히 카리스마 넘치고 자의식이 확고한 상사가 아니라면, 누구나 주위의 평판에 민감할 수밖에 없다. 그리고 이런 평판이야말로 기업의 리더가 가르침을 주저하게 만드는 주된 장애 요인이 된다.

주변에서 편애라고 느끼는 것은 가르치는 사람이 자신의 의도를 제대로 설명하지 않았기 때문이기 쉽다. 평가의 칼날을 무디게 하기보다는 의도를 충분히 설명하고 확실하게 평가하는 것이 부하직원 및 리더, 회사 모두에게 좋다.

평가에 따른 처방전이라 할 연습 메뉴는 배우는 쪽의 실력이나 타입에 따라 달라질 수밖에 없다. 예를 들어 이 사람은 이것을 잘하기 때문에 이 연습 메뉴가 좋고, 저 사람은 이것을 못하기 때문에 다른 훈련을 받아야 하는 것이다.

인간은 객관적으로 평등한 존재가 아니다. 저마다 능력의 차이가 있다. 능력의 종류도 다르고 레벨도 다르다. 이때 연습 메뉴가 어째서 다른지를 설명하지 않으면 부하직원들 사이에 '저 친구는 저것만 해도 되는 거야? 너무 하는군.' 하는 반발심이 들 수밖에 없다. 따라서 일관적인 연습 메뉴가 있기는 하지만, 힘의 차이가 있기 때문에 어떤 사람은 여기서부터 하고 또 어떤 사람은 저기서부터 해야 한다고 납득시켜야 한다.

하지만 이렇게 해도 코멘트의 방식이 다르면 부하직원은 역시 '편애한다'는 느낌을 받을 수 있다. 예를 들어 엄격하게 해서 성장하는 타입에게는 엄격한 코멘트를 하고, 칭찬으로 성장하는 타입에게는 칭찬하는 방법을 쓰는 경우다.

따라서 소수인 경우에는 같은 방식으로 코멘트를 해주는 것이 좋다. 인원도 적은데 칭찬을 중심으로 하는 사람, 야단을 중심으로 하는 사람을 나눠버리면 그 차이가 눈에 띌 수밖에 없다.

부정적인 코멘트를 하고 싶을 때는 전원에게 골고루 한다든지, 아니면 차라리 전원에게 칭찬을 거의 하지 않음으로써 기분이나 상대에 따라 코멘트가 바뀌는 것이 아님을 보여주어야 한다.

가르친다는 것은 상대의 발전과 성장을 이끄는 것을 목표로 한다. 그런데 '부장님은 저 직원만 편애한다'고 느끼기 시작하면 더 이상 발전하기 어렵다. 따라서 이런 불필요한 오해를 사지 않도록 하자.

'어린아이도 아니고 다 큰 어른이 설마 그런 생각을 하겠어?' 리더에게 이런 생각은 금물이다. 이런 부분에서 민감해지기는 어른도 아이와 다를 바가 없다.

상황 3 나이 차이가 나는 부하직원 등 **자신의 가치관이 통하지 않는 상대**

부모가 아이를 자신의 가치관으로 키우는 것은 어느 정도 용인되는 일이다. 내 자식한테 내가 좋아하는 것을 먹이는 것은 어쩌면 당연한 일이다.

회사에서는 다르다. 상사와 부하직원의 가치관이 서로 다른 경우라면 문제가 심각할 수 있다. 상사는 '일은 열심히 해야 한다' 는 가치관을, 부하직원은 '일보다 사생활이 중요해. 야근 같은 건 하고 싶지 않아.' 라는 가치관을 가졌다면 어떻게 될까? 야근을 해야 하는 상황인데도 부하직원은 아랑곳하지 않는다. 그러면 상사는 안절부절못한다. 이런 경우에는 어떻게 하는 것이 좋을까? 가치관이 다르니 포기해야 할까?

이때는 개인의 가치관보다는 회사나 자신이 소속되어 있는 곳의 가치관, 조직이 살아남기 위한 가치관이 우선이다. 개인이나 세대의 가치관은 그 다음이다. 퇴근 후 술 한잔 하는 게 당연하다고 생각하는 세대와 그렇지 않은 세대가 거기에 대해 토론을 해봤자 결말이 나지 않는다. "일이라는 건 열심히 해야 하는 거야. 그러니까 야근을 하는 게 당연하지."라는 말은 통하지 않을 것이다.

하지만 회사의 존속을 위해서라면 얘기가 달라진다.

“야근을 하지 않으면 생산량이 줄어서 머지않아 회사가 문을 닫게 될 거야. 그러니 꼭 해야만 하네.”

포인트는 리더의 개인적인 가치관을 내세우지 않는 것이다. 공동체의 가치관을 토대로 논의를 풀어가야 한다.

요즘은 회사가 문을 닫는 것까지는 아니더라도 한 부서나 지점이 없어지는 경우가 흔하다. 나는 따라서 이렇게 말할 것이다.

“일이 채 끝나지도 않았는데 6시가 되자마자 부리나케 퇴근하는 사람은 구조조정의 대상이 될 수 있어. 회사는 그런 사람부터 먼저 자르니까 자네는 지금 이대로라면 1순위가 될 걸세.”

개인의 가치관이 아니라 회사의 가치관이라고 생각하면 부하직원을 어떻게 대할지 고민할 필요가 없다. 이렇게 얘기해도 통하지 않는다면 별수 없이 그 직원은 ‘포기’ 하는 게 마땅하다.

신뢰를 쌓는 법

가르치는 사람과 배우는 사람 사이에는 신뢰가 있어야 한다. 당연한 사실인데도 이를 간과하는 리더들이 많다.

신뢰를 쌓는 가장 좋은 방법은 '확실하게 말하기' 다. "나는 당신이 발전하기를 바랄 뿐 개인적으로 공격할 생각은 전혀 없다. 따라서 너무 엄격하게 들리더라도 악의는 없으므로 오해하지 말아달라."고 미리 말해둘 필요가 있다.

나는 다음과 같이 확실히 설명한다.

"엄격하게 말하는 것은 여러분이 듣고 분발했으면 하는 마음에서입니다. 결코 공격하려는 것이 아닙니다."

"당신에 대한 기대감이 크기 때문에 이렇게 말할 수 있는 것입니다. 기대할 게 없는 사람에게는 엄격하게 말해봤자 미움만 받을 게 뻔하니 아예 말을 하지도 않습니다. 저를 미워하는 건 좋지만 그럴 경우 여러분은 성장하지 못합니다. 부디 그런 쓸데없는 생각은 하지 말아주십시오.”

이렇게 말하는 것만으로도 오해를 줄일 수 있다. 오해가 줄어들면 그만큼 믿음의 공간이 생긴다.

가르침의 목적은 배우는 쪽이 그 일을 할 수 있게 되는 것이다. 따라서 그 목적도 확실히 말하는 것이 좋다.

“나의 목표는 자네가 이번 분기에 목표를 달성하도록 만드는 것이네.”

가르친다는 것은 기본적으로 이런 것이다. 그리고 목적이 달성되면 배우는 쪽은 가르치는 쪽을 떠나게 된다. 가르치는 쪽에서는 아무런 이득도 없지만 계속 가르치게 된다. 따라서 상대방에게 이것이 얼마나 고마운 일인지 상기시켜주는 것도 좋다.

상대방과 신뢰관계를 형성하는 또 한 가지 방법은 공동의 목표를 위해서 함께 싸우고 있다는 느낌을 주는 것이다. 업무를 예로 들면 “우리 함께 이 기획을 성공시켜보자!” 또는 “매출 1위 지점으로 만들어보자!”는 공동의 목표의식을 심어준다.

업무뿐만 아니라 개인적인 부분에서도 마음을 털어놓는 것이 중요하다. 이 경우에 좋은 아이디어가 있다. ‘취향 지도’를 만들어서 상대방이 좋아하는 것에 대해 서로 이야기를 나누는 것이다. "아, 이런 것을 좋아하는군요!"라고 말하면서 금방 허물없이 친해질 수 있다.

일이 끝난 후 술 한잔 하러 가서 이런 얘기를 나눌 수도 있겠지만, 평소 업무 틈틈이 상대방이 좋아하는 것에 대해 자연스럽게 대화를 하는 것도 좋다. 인간적으로 친숙해지는 것이 중요하기 때문이다.

좋은 콘텐츠가 부하를 성장시킨다

✎ 기업 현장에서는 모두가 바쁘다. 학교처럼 일부러 수업 분위기를 만든다는 것은 있을 수 없다. 함께 있을 때만 할 수 있는 일을 하는 것이 좋다. 예를 들어 두 사람이 같이 있으면서 각자 책을 읽는 것이 아니라 이러한 행동은 각각 따로 있을 때 해두는 것이다. 포인트는 '함께 있기 때문에 할 수 있는 것을 하는 것'이다.

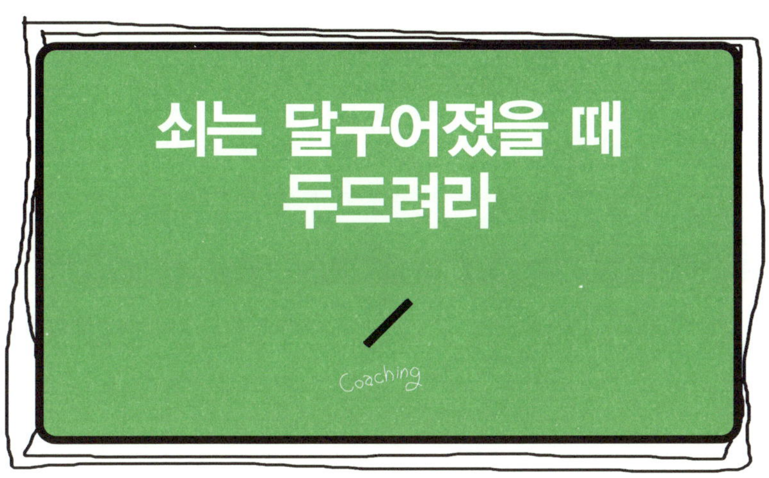

조삼모사에서 배우는 '타이밍'의 노하우

조삼모사라는 고사성어가 있다. 송나라 저공의 고사에 나오는 것으로, 먹이를 아침에 세 개, 저녁에 네 개씩 주겠다는 말에는 원숭이들이 적다고 화를 내더니 아침에 네 개, 저녁에 세 개씩 주겠다는 말에는 다들 좋아했다는 얘기다.

조삼모사는 나쁜 의미로 더 많이 쓰인다. 가령 별로 달라진 것도 없는데 뭔가 크게 변화한 것처럼 상대를 속이는 경우다.

하지만 원숭이가 아침에 더 배가 고픈 '아침형 원숭이'였다면 어떻겠는가? 당연히 아침에 네 개를 주어야 지혜롭고 현명한 처사다.

실제로 원숭이들이 화를 내지 않고 오히려 좋아한 것으로 보아 나의 짐작이 크게 틀린 것 같지는 않다.

조삼모사는 결국 뒤집어보면 상대에 대한 배려만으로도 만족도를 높이는 지혜를 보여준다. 이런 배려 중에서도 가장 중요한 것이 바로 '타이밍'이다.

경제학과 마케팅에서 금과옥조처럼 여기는 한계효용체감의 법칙은 가르침에도 그대로 적용된다. 처음 소비했을 때 가장 효과가 높고 갈수록 효과는 떨어진다. 히트 상품을 만들 때는 광고나 이벤트를 통해 분위기를 최고조로 올린 다음, 일거에 물량을 투입하고 고객을 흥분시켜야 하는 법이다.

가르침도 마찬가지다. 쇠가 가장 달아올랐을 때 두드려야 하듯 이때다 싶으면 맹수처럼 물어서 놓지 말아야 한다. 부하직원이 배워야 할 순간에 좋은 메시지와 적절한 사례를 들어 가르친다면 크게 힘들이지 않고 제대로 가르칠 수 있다. 아니 딱 필요한 시점에 한두 마디로 따끔하게 지적만 해도 사람을 바꿀 수 있다.

영화를 보며 '타이밍' 감각을 익혀라

가르침의 타이밍을 포착하는 감각을 익히는 가장 좋은 방법은 영화를 보는 것이다. 주말에 느긋하게 맥주 한두 캔 옆에 두고 2시간 정도 투자한다면 휴식을 즐기면서도 리더십 공부를 하는 셈이니 일석이조다.

전 세계적으로 크게 히트를 했던 영화 〈타이타닉〉을 보자. 상영 시간이 거의 3시간에 가까운 데다 흔한 재난 영화라고 생각하기 십 상이지만, 나에게는 가장 훌륭한 리더십 교재로 여겨진다.

영화 속에서 여자 주인공이 자살을 결심하고 배의 난간에 매달 려 있을 때 남자 주인공이 그녀를 설득한다. 그는 무작정 달려들어 붙잡지 않는다. 한마디 두 마디 말을 던지며 한 걸음 두 걸음 다가 가더니 결국에는 그녀의 마음을 돌려놓는다. 글로는 도저히 묘사 할 수 없지만, 남자 주인공이 보여주는 생생한 '타이밍' 감각은 교 육학자인 나로서도 탄복할 수준이다.

또 다른 할리우드 영화인 〈크림슨 타이드〉를 살펴보자. 주인공 인 부함장이 통신실 직원에게 SF드라마 〈스타트랙〉의 등장인물을 거론하면서 그를 독려하는 대목이 나온다. 상황은 급박하다. 함장 이 핵미사일을 발사하여 세계를 핵전쟁 위기로 몰아넣으려 하는데, 통신실 직원이 통신을 복구하지 못하면 모든 게 끝장이다. 이런 급 박한 상황에서 무작정 "빨리 해!"라고 윽박만 지른다면 과연 부하 가 일처리를 제대로 할 수 있을까? 부함장의 기지는 이래서 놀랍다.

위급한 순간에 단지 명령만 하는 게 아니라 그런 훌륭한 '콘텐츠'를 활용하여, 부하로 하여금 최고의 성과를 올리게 한 기지는 칭찬받아 마땅하다.

당신이 리더라면 이런 영화를 그냥 지나치지 말아야 한다. 이미지 트레이닝을 해야 한다. 자신과 주인공을 동일시하고, 그의 감각에 동화되어보는 것이다.

사실 영화는 가르치는 데 필요한 콘텐츠의 보고다. 직장에서의 커뮤니케이션 문제나 기획을 짤 때 그러한 관점에서 영화를 보면, 콘텐츠로 삼을 수 있는 부분이 아주 많다.

예를 들어 영화를 만드는 쪽의 아이디어를 참고로 삼을 수도 있고, 영화 속 장면을 따로 떼어서 보면 굉장한 공부가 되거나 거기에 포함되어 있는 기술에서 엄청난 것을 발견할 수도 있다.

"한가하게 영화 볼 시간이 있으면 서류 한 장이라도 더 써야지!"

이와 같은 생각으로는 21세기 지식경쟁에서 살아남을 수 없다. 경영자들이 인문학을 공부하고 각종 학술재단을 후원하는 이유가 무엇이겠는가? 참신한 아이디어, 획기적인 발상을 찾기 위해서다. 그런 면에서 영화는 잘 농축된 지식의 통조림과 같다. 그 좋은 걸 활용해야지 한 번 보고 버릴 수야 없지 않겠는가?

세상은 배움의 콘텐츠로 가득 차 있다. 하지만 이런 눈으로 세상을 관찰하는 리더나 상사는 별로 없다. 부하직원을 확실하게 가르치는 리더가 되고 싶다면 자신의 눈부터 바꿔야 한다. 눈에 불을 켜고 가르치기에 좋은 콘텐츠를 발굴하라!

광고는 순발력을 **키워주는 교과서다**

광고는 영화보다 더 좋은 리더십 교과서가 될 수 있다. 짤막한 대화, 짤막한 상황, 짤막한 문장으로 구성되지만 광고 제작자들은 고객의 마음을 사로잡기 위해 죽을힘을 다한다. 우선 광고를 보는 것만으로도 리더는 이런 기운을 받을 수 있다.

더 나아가 광고는 흐름과 단계를 파악하는 훈련에 유용한 콘텐츠다. 예를 들어 15초짜리 광고를 콘텐츠로 한다고 해보자. 광고 제작사는 막대한 비용을 투자해서 엄청난 아이디어를 짜내고 15초 안에 모든 것을 표현하기 위해 수많은 컷을 찍는다. 아주 짧은 순간을 담고 있는 이 15초의 내용을 분석하면 20~30여 개의 단계로 나눌 수 있다. 따라서 이 단계들을 뽑아보면 15초 동안 어느 정도의 정보가 담겨 있는지, 만드는 쪽이 어느 정도 머리를 짜내었는지 금방 알 수 있다. 그리고 아주 잘 만들어진 15초짜리 광고라면, 이런 순서로 만들어진 것이 어떤 의미인지를 확실히 알 수 있다.

광고를 잘 보면 마케팅 기획, 상품 기획, 서비스 기획 측면에서도 유용하지만 광고 제작자들이 사회적인 트렌드를 어떻게 읽고 있는지를 파악할 수 있다. 자본주의의 꽃은 광고라는 말이 있듯이, 광고 하나만 잘 활용해도 소비자의 심리와 사회의 흐름, 심지어는 경쟁 구도까지 간파하게 되는 것이다.

한 편의 광고를 통해 지식을 쌓고, 최신 유행을 알고, 사람들의 심리를 파악한다면 부하들의 머리 위에 올라서는 리더가 될 수 있다. 더 나아가 광고의 유머나 촌철살인의 메시지까지 몸에 익힌다면 금상첨화일 것이다.

영화나 드라마도 훌륭한 가르침의 콘텐츠가 된다

영화를 보며 리더만 배우는 것이 아니다. 오히려 리더가 배울 수 있는 영화는 부하직원들에게 훌륭한 교재가 된다. 앞서 언급했던 〈크림슨 타이드〉를 생각해보자. 당신도 부함장처럼 부하직원이 좋아하는 영화나 드라마, 혹은 광고를 사례로 들어서 메시지를 전달하거나 부하의 약점을 짚어줄 수 있다.

오사카에서 일하는 팀장 J씨의 사례는 매우 흥미롭다. J씨는 언제나 뒤죽박죽 업무를 체계적으로 처리하지 못하는 직원에게 영화 〈스팅〉을 여러 번 시청하게 했다. 주인공들이 사기를 치기 위해 준비하는 과정을 재밌게 보여주는데, 그것이 회사 업무를 처리하는 이미지를 멋들어지게 보여준다고 생각했기 때문이다. 실제로 부하직원은 주인공 가운데 한 명에게 감정 이입이 됐고 J씨가 그것을 예로 들 때마다 매우 좋아하며 이야기를 잘 받아들였다고 한다.

여기서 중요한 것은 부하직원을 이해하는 것이다. 조삼모사에서 주인은 원숭이들이 아침에 배가 고프다는 것을 파악하고 있었다. 타이밍 감각은 저절로 생기는 것이 아니다. 리더라면 평소에 부하직원을 잘 이해하고, '벼르고' 있다가 적당한 상황이 주어지면 주저 없이 가르칠 수 있어야 한다.

아무리 리더십 훈련을 받고, 유머 감각을 익힌다 해도 부하직원에게 꼭 필요한 타이밍이 언제인지를 모른다면 아무런 소용이 없다. 내 부하에게 필요한 것이 무엇인지 알아야만 한다. 그래야 좋은 콘텐츠, 알맞은 타이밍을 잡을 수 있다. 진정한 배려는 바로 이런 것을 일컫는 말이다.

말만 해서는 부하는 **변하지 않는다**

가르친다는 것은 누군가를 변화시키는 것이다. 여기서 중요한 것은 타이밍과 콘텐츠다.

앞서 말했듯이 타이밍만 잘 잡아도 가르침의 절반은 끝난 셈이지만, 리더라면 조금 더 노력하고 욕심을 부려야 한다. 모처럼 기회를 잡았는데 A급 인재를 만들어야지 그저 B나 C 수준에 머물러서는 안 된다.

타이밍을 잡은 다음에는 좋은 콘텐츠를 투입해야 한다. 기회는 준비하는 자의 것이라는 말이 있듯이, 부하직원이 실수나 잘못을

저질렀을 때를 놓치지 않고 적절한 코멘트나 케이스, 스토리를 들려줄 수 있는 상사야말로 탁월하고 유능한 리더다.

콘텐츠 파워를 가진 리더, 그들은 평소부터 부하직원을 감동시킬 준비를 해온 사람들이다.

'콘텐츠 파워'라고 하니, 소설가나 방송작가 혹은 시나리오 작가를 떠올리는 사람도 있을 것이다. 리더에게 무슨 콘텐츠가 필요할까?

존경받는 경영인이었던 마쓰시타 고노스케를 생각해보자. 그가 가진 최고의 콘텐츠는 '수돗물 철학'이다. 회사가 도산 위기에 몰렸을 때 그는 거리를 방황하다가 콸콸 쏟아지는 수돗물을 보면서 위대한 비전을 떠올렸다.

"쏟아지는 수돗물처럼, 꼭 필요한 물건을 저렴하고 풍부하게 공급한다면 반드시 성공할 수 있다."

갓 입사한 직원들이 이런 이야기를 들으면 무척 감동할 것이다. 그리고 자신이 어떤 회사에 들어왔으며 어떻게 일해야 할지를 가슴에 새기게 된다.

마쓰시타뿐만 아니다. 세계적인 대기업들이 신입사원들에게 회사에 얽힌 감동적인 이야기들을 들려준다. 세계 최대의 화학기업 듀퐁은 창립자인 듀퐁의 이야기를 직원들에게 들려준다. 프랑스에서 미국으로 건너와 화학 공장을 차린 그는 안전한 회사를 만들기 위해 아예 공장 근처에다 자신과 가족의 거처를 마련했다. 한번은 큰 사고가 나서 자식과 아내까지 부상을 입기도 했다. 하지만 듀퐁은 집을 옮기지 않았고, 사고를 당한 직원들의 가족을 위해 별도의 복지기금까지 마련했다.

이런 콘텐츠가 발휘하는 파워가 무엇인가? 회사에 대한 자긍심과 충성심, 안전의 중요성, 올바른 철학과 원칙의 중요성을 직원들의 가슴속에 심어준다는 것이다.

동경하는 마음이 강하면 콘텐츠도 쉽게 찾는다

어떤 것을 동경하고 좋아하는 리더는 부하직원을 가르치는 데 좋은 콘텐츠를 많이 갖고 있을 확률이 높다. 하지만 많이 아는 것과 가르치기 위한 준비는 다르다. 의식적으로 구체적인 대상을 염두에 두면서 '그래, 이런 이야기는 A대리를 가르치는 데 활용하면 좋겠어.' 라고 미리 점찍어둘 필요가 있다.

하지만 여기서 주의할 것이 있다. 많이 알고 경험했다고 해서, 그 교훈이 부하직원에게 곧바로 전해지는 것은 아니라는 점이다.

전문적인 연설가나 강연, 컨설턴트가 아니라면 자기만의 언어로 가르치는 것은 한계가 있게 마련이다. 예를 들어 누군가에게 '삶에

대한 자세'에 대해 가르친다고 할 때, 이것을 장황하게 이야기해봤
자 한낱 설교에 지나지 않는다. 그보다는 '이것이 삶에 대한 자세
다'라고 상대가 깨달을 수 있는 영화나 책을 제공해주면 훨씬 효과
적일 것이다.

나고야에서 N섬유업체를 경영하는 J사장은 직원들에게 〈얼라이
브〉라는 영화를 보여주면서 회사의 변화를 끌어내는 데 성공했다.
안데스 산맥에 추락한 비행기 탑승자들의 감동적인 생존 실화를
그린 영화다. 그 비행기에는 우루과이의 미식 축구부원들이 타고
있었다. 그들은 추위와 굶주림, 공포에 맞서서 산맥을 넘고 필사의
탈출을 감행한다. 그리고 마침내 구조대를 찾아내는 데 성공한다.

J사장은 말한다.

"제가 워낙 등산을 좋아해서 그런 영화를 꼭 챙겨봅니다. 〈얼라
이브〉는 전문 산악인을 다룬 영화는 아니지만 산과 인간의 삶이 얼
마나 밀접한지를 느끼게 해줍니다."

N업체의 직원들은 이 영화를 보며 커다란 용기를 얻었다고 한
다. 프로젝트에 실패해서 의기소침한 부하직원에게 책이나 DVD
는 좋은 선물이 될 수 있다. 한두 마디 형식적인 격려나 술자리보다
훨씬 강렬한 교훈을 전해줄 수 있지 않을까.

콘텐츠에는 리더의 마음과 **정성이 담겨야 한다**

가르치는 일이 부담스럽거나 귀찮은 리더들은 외부 교육에 의존하는 경우가 많다. 많은 직원들에게 한꺼번에 '표준적인' 교훈을 주입하는 데는 현실적인 방법이다. 외주업체나 전문강사들은 직장인이라면 누구나 느낄 법한 문제의식에 대해 다양한 해답을 보유하고 있다.

한마디로 외주업체나 전문강사들의 콘텐츠는 '패스트푸드' 나 '회전초밥' 과 흡사하다.

이처럼 리더가 직접 콘텐츠를 준비하지 않고 일정한 시스템을 따라 만들어진 교육 상품에 의존하는 것은 안이한 방법이다. 정해진 서류, 빤한 자료를 제시하는 미팅은 재미가 없다. 정성도, 감동도, 깨달음도 없다. 즉 가르치는 쪽의 생각이 없으므로 배우는 쪽에게는 아무런 감흥을 주지 못한다.

학교 교과서를 생각해보자. 참 재미가 없다. 선생님도 없이, 누군가가 '읽어봐.' 하고 툭 던져주고 간다면 학생들은 10분 안에 잠이 들 것이다. 좋은 선생님은 그런 교과서에다 자신만의 독특한 콘텐츠를 양념처럼 톡톡 치고 버무려서 멋진 가르침을 선사한다.

학생들을 사랑하기 때문에 그럴 수 있다.

회사는 입시학원이 아니며, 회의실은 강의실이 아니다. 리더와 상사가 동경하는 분야에서 가르치는 데 필요한 콘텐츠를 직접 찾아오는 것이 중요하다. 부하 한 사람 한 사람에 대한 애정과 관심을 가지고 작은 것 하나만 준비해도 가르치고 배우는 분위기가 순식간에 바뀐다.

가르치는 쪽은 콘텐츠가 훌륭하다고 생각하므로 열정을 가지고 가르칠 수 있고, 배우는 쪽은 상사의 정성스러운 준비에 감동하게 된다.

콘텐츠를 찾을 때에도 "이것은 그 친구에게 어떨까?", "이쪽은 그 친구에게 맞을까?" 하고 가르치는 상대의 존재가 자연스럽게 스며들게 된다. 회사뿐만 아니라 가정에서도 응용하면 커다란 행복감을 맛볼 수 있는 것이 콘텐츠 발굴이다. 자녀 교육을 위해 '큰애한테 이 책은 어떨까?', '이 영화는 둘째한테 괜찮을까?' 하고 생각하는 것은 벅찬 기쁨으로 다가올 것이다.

이처럼 자신의 선택 능력을 발휘한 콘텐츠를 사용하면 가르치는 쪽과 배우는 쪽 모두 열기가 고조될 수 있다.

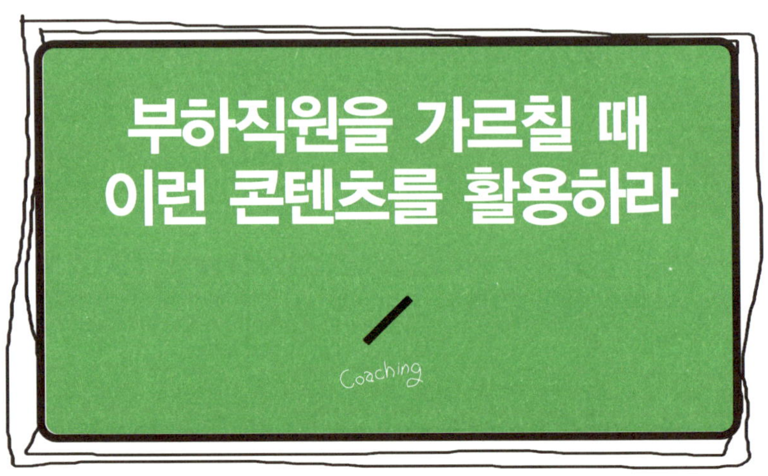

강렬한 인상을 심어주는 케이스 스터디를 활용하라

상사와 부하직원의 관계에서도 소재를 몇 가지 생각할 수 있다.

먼저 자기 자신이 소재가 되는 방법이다. 예를 들어 부하직원에게 "지금 내가 하고 있는 이 일의 포인트를 말해보라."고 하는 경우에는 자신이 소재가 되는 것이다.

물론 자신이 아니라도 상관없다. 회사의 상품이나 기획서 등을 보여주고 포인트를 찾아보라고 하는 것도 훌륭한 가르침의 소재가 된다.

케이스 스터디의 '케이스'도 훌륭한 소재가 될 수 있다. 어떤 케이스(사례)를 둘러싸고 거기에서 어떤 행동 패턴이 더 나올 수 있었는지를 검증하거나 의견을 내보는 것은 구체적이고 실천적인 효과가 있다.

그러나 이 케이스 스터디의 사례가 적절하지 않으면 배울 것이 적다. 현재 직면하고 있는 상황과 너무 동떨어진 사례나 반대로 지나치게 딱 맞아떨어지는 특수한 사례를 드는 것은 적절하지 않다.

요소가 너무 다양해서 대충 맞아떨어지는 사례도 좋지 않다. 그렇다고 너무 일반적인 사례를 들면 상대방에게 별다른 감흥을 불러일으키지 못한다.

사례는 일단 배우는 쪽의 마음을 끌 수 있어야 한다. 그리고 분석하면 깊은 맛이 느껴져야 한다.

다른 업계의 사례를 들어도 상관없다. 전혀 다른 업계의 사례라도 가르치고 싶은 테마가 들어 있으면 된다.

업무의 본보기를 보여주면 감탄하는 눈빛으로 바라보기만 하는 부하직원도 있을 것이다. 하지만 상사가 직접 모든 것을 다 보여줄 필요는 없다. 그보다는 훌륭한 콘텐츠를 찾는 데 에너지를 집중하는 편이 낫다.

살아 있는 **케이스 스터디를 발굴하라**

업무를 가르칠 때는 함께 일하는 입장에서 "나는 지금 여기서 막혀 있다."고 부하직원에게 고민을 솔직하게 털어놓는 것도 한 방법이다.

"이런 상황에서 선택할 수 있는 것은 두 가지다. A를 선택하면 이렇게 될 것 같고 B를 선택하면 이런 결과가 나올 것 같다. 자네라면 어떻게 하겠나?"라고 객관적으로 제시하면 제법 케이스 스터디로서의 '콘텐츠'라는 느낌이 든다. 이것이 바로 살아 있는 케이스 스터디다.

살아 있는 케이스 스터디가 아무래도 힘들다면 과거의 사례를 들면서 "이런 일로 이렇게 되었는데 자네라면 어떻게 했겠나?"라고 물어본다. 그리고 "실은 이렇게 되었다"고 답을 가르쳐준다. 물론 다른 회사의 케이스 스터디도 상관없다.

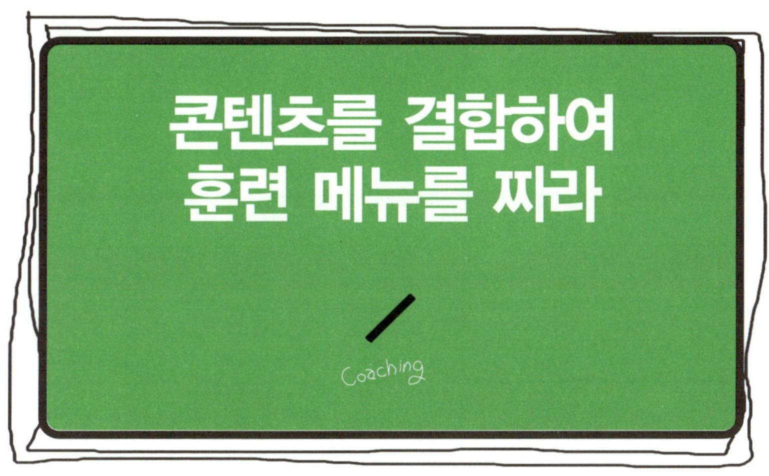

콘텐츠를 적당한 순서로 **결합하면 훌륭한 커리큘럼**

좋은 콘텐츠를 발견했다면 그 다음에는 커리큘럼 만들기에 들어가야 한다. 즉 콘텐츠 찾기가 끝나면 어떤 순서로 그것을 정렬해야 더 효과적인지를 생각한다. 이러한 배열 작업이 바로 '커리큘럼 짜기'다. 교육 연수 때 커리큘럼 얘기를 했더니 이런 반응이 나왔다.

"대학교 수강 신청하는 것도 아닌데, 너무 지나친 거 아닙니까?"

나는 이렇게 대답했다.

"부하직원이 갖춰야 할 능력 리스트를 갖고 있습니까? 앞으로 6개월 내에 그 리스트 중에서 꼭 갖춰야 할 능력은 무엇일까요? 이런 것을 생각하는 것이 직장에서의 커리큘럼이라고 할 수 있습니다.”

학교 현장에서는 예를 들어 텍스트가 몇 회 정도의 수업 분량인지 가늠하거나, 몇 회 분량으로 해야 하는지를 생각한다. 반면 기업 현장에서는 그런 식으로 생각할 수 없다. 정해진 분량보다는 로드맵이 중요하다. 로드맵에 따라 필요할 때마다 좋은 콘텐츠를 제시하여 철저하게 훈련을 시키고, 부하직원을 잘 관찰하여 어느 수준까지 이르렀는지 판단해야 한다.

영화를 보게 할 수도 있고, 복사 심부름이나 커피 타기, 기획안 자료를 정리하는 일을 맡길 수도 있다.

콘텐츠를 잘 버무려서 훈련 메뉴를 만들 때는 반복해도 덜 지겹고 끝나면 성취감을 느낄 수 있도록 한다.

얼마 전에 도쿄 대학의 영어 교수인 사이토 요시후미 씨와 대담을 한 적이 있다. 그때 사이토 교수가 “영어를 잘하려면 문고본으로 나온 소설책을 읽으면 좋다고 합니다만, 사실 그런 책을 몇 권씩 읽는 사람은 그리 많지 않습니다.”라고 말했다. 나는 “그러면 어떻게 해야 될까요?”라고 질문했다.

디킨스는 너무 오래됐고 셰익스피어는 더 오래됐으며 포크너는 너무 어렵다. 그렇다고 이솝 우화를 읽자니 감동이나 흥분을 불러일으키기에는 좀 약한 감이 있다. 이 말을 듣고 사이토 교수는 애거서 크리스티를 추천해주었다. 즉 콘텐츠를 제시해준 것이다.

애거서 크리스티의 추리소설은 전개가 빠르고 영어 문장도 그다지 어렵지 않다. 수십 권의 저서가 있어 분량도 충분하다.

이와 같이 패턴이 어느 정도 비슷하고 내용이 다른 것을 선택하는 것도 하나의 비결이다. 애거서 크리스티의 책을 한 권 읽고 영어에 어느 정도 익숙해지면 두 권째는 훨씬 더 편해진다. 단어와 어휘가 중복되기 때문에 자연히 힘이 덜 들게 된다. 스토리가 다르므로 지겹지도 않다.

양적으로 쌓이면 질적인 변화를 가져오므로 충분한 양을 준비하는 것은 콘텐츠를 선택할 때 중요한 부분이다. 레벨을 파악해서 비슷한 레벨의 다양한 텍스트를 갖춰두면 몇 회분의 커리큘럼을 짤 수 있다.

부하직원에게 일을 가르치는 경우, 예를 들어 1년 동안 어떤 업무는 완벽하게 터득한다는 목표를 정하고 이를 위한 연간 업무 스케줄을 '커리큘럼'으로 생각해보는 것도 좋다. 엑셀 활용 능력이 부족한 노총각 직원에게 가계부를 쓰고 자신의 재정 상태를 분석하게 하여 큰 성과를 본 사례도 있다. 그 직원은 엑셀을 마스터한 것은 물론이거니와 탁월한 재정 감각까지 갖추게 되었다. 이후 그 직원은 회계 장부 읽는 법을 배우기 시작했다고 한다.

가르치기 위한 **기본 절차를 생각하도록 하라**

좋은 콘텐츠를 발견했다고 해도 가르치는 단계에서 소재를 건네주기만 하면 아무 효과가 없다. 현장에서의 기본 절차와 시나리오를 미리 생각해둘 필요가 있다.

가르치는 내용에 따라 다소 차이는 있겠지만 기본적인 절차는 다음과 같다.

① 아웃라인(목적이나 목표)을 설명한다.

② 직접 해보게 한다.

③ 시범을 보인다 = 차이를 인식시킨다.

④ 한 번 더 해보게 한다.

⑤ 반복 연습시킨다.

가장 먼저 아웃라인을 설명한다. 등산 가이드를 예로 들자면 지금부터 어떤 산에 오를 것이고 어떤 코스를 택할 것이며 어떤 장비가 필요한지에 대해 대략적으로 이야기한다. 이 부분이 없으면 의욕도 일어나지 않고, 마음의 준비도 안 되어 있으므로 의식도 생기지 않는다. 갑자기 '해보자!' 고 하는 것보다 우리는 어디에 있고 어디로 가는지, 그리고 이를 위해 무엇을 해야 하는지를 설명하는 것이 큰 도움이 된다. 배우는 상대에게도 "이 사람은 산에 자주 오른 경험이 있어 믿을 만하다"는 안도감을 준다.

그 다음은 가볍게 시켜본다. 처음부터 잘하는 사람은 없다. 이때 배우는 쪽은 '가르쳐준 대로 했는데 잘 안 된다'고 생각하게 된다.

그런 다음 잘되는 상태를 보여준다. 시범을 보여줄 수 있다면 직접 보여주는 것이 좋다. 그렇지 못한 경우는 그 분야의 프로에게서 견본을 가져오는 등 여러 가지 방법을 강구해본다.

업무의 경우라면 그 업계의 성공 사례를 알 수 있는 어떤 것을 보여주거나 잘된 완성품을 보여주면 된다. 실패를 경험한 뒤라 배우는 쪽도 포인트를 파악하기가 쉽다. 그리고 가르치는 사람이 그 차이를 지적해준다. 제대로 배우려면 차이를 인식할 필요가 있기 때문이다.

상대방이 차이를 인식했다면 한 번 더 시켜본다. 훨씬 더 나아졌을 것이다. 그 단계에서 조금 나아진 부분을 확대해서 반복 연습으로 강화한다.

나는 강연회 등에서 가부키 작품에 나오는 대사를 텍스트로 쓰는데, 먼저 대략적인 절차를 설명한 뒤 "한번 읽어봅시다."라고 말하고 단숨에 읽도록 한다. 그러면 책 읽듯이 술술 읽어나간다.

그런 다음 이번에는 가부키의 방식으로 읽는다. 예전에는 이 부분에서 가부키 CD를 들려주었다. 하지만 CD를 틀어주면 멍하니

듣기만 한다는 것을 안 뒤로는 내가 읽는 대로 따라 읽는 복창 방식을 쓰고 있다.

가부키 배우와 같은 방식으로 한 구절씩 읽게 해서 틀리면 한 번 더 읽도록 한다. 마치 구전전승(口傳傳承)처럼 낭독 방법을 가르치는 것이다. 그리고 나서 학생들끼리 다시 읽게 하면 처음보다 상당히 좋아져 있다.

마지막으로 가부키 CD를 틀어주면 자신들이 열심히 연습한 부분이므로 CD를 듣는 포인트를 알게 된다. 따라서 자신이 읽은 것과 다른 부분을 체크하거나 올바르게 읽는 방법을 메모하기도 한다. 만약 처음부터 CD를 들려주었다면 아주 예리한 사람이 아니면 어디를 어떻게 읽어야 하는지 모를 것이다. 하지만 충분히 스스로 연습을 거친 다음 마지막에 들려주면 자신의 경험을 바탕으로 무엇이 좋고 나쁜지를 알 수 있다.

가르치는 방법에 있어서 왕도는 서로 비교하는 것이다. 비교를 하면 '깨닫는 것' 이 쉬워진다. '깨달음' 을 줄 수 없는 가르침은 바람직하지 않다.

이러한 것들을 항상 염두에 두고 가르치는 현장의 흐름을 생각해야 한다.

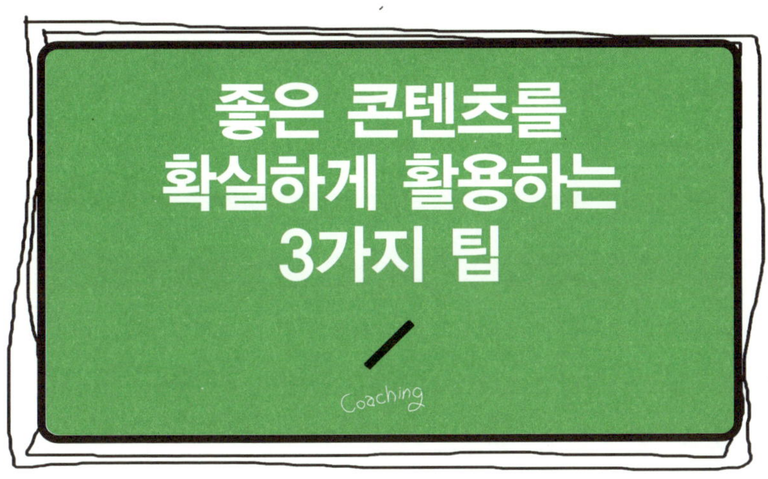

상황 1 멍하게 듣기만 하는 부하직원

미팅이나 회의실에서 멍하니 앉아 있는 직원들은 대부분 지루하다
는 생각을 한다. 물론 그 외에도 여러 가지 딴 생각들로 가득하다.
말하자면 미팅과 회의라는, 회사의 공식적인 업무 추진 과정에 동
참할 의욕이 없는 것이다. 거기에 적극 참여해야 성장할 수 있고,
배울 수 있다고 말해봐야 소용이 없다.

부하직원들이 멍하게 앉아 있다는 것은 아마도 상사나 리더가
일방적으로 훈시만 하는 분위기일 가능성이 높다. 훈시하면 따라
오고 기대에 부응할 거라는 생각은 빨리 버리는 게 좋다. 리더는 부

하직원을 트레이닝시키는 사람이다.

그러려면 먼저 상사가 이야기하고 부하직원들이 듣는 시간을 대폭 줄여야 한다. 부하직원들에게 발언하게 하거나 활동을 시키지 않으면 결국은 멍한 상태가 되고 만다. 의식이 잠들어버리는 것이다. 이런 상태에서 "자, 생각해 봅시다." "좋은 의견 없어요?"라고 말해봤자 아무 소용이 없다.

이럴 때는 구체적인 답을 할 수 있도록 질문을 하거나, 정해진 시간 안에 어떤 것을 완수하도록 하는 등의 메뉴를 제시해야 한다.

나는 수업시간에 자주 책을 돌아가며 읽게 하는데, 이렇게 하면 적당한 긴장감을 유발할 수 있어서 좋다. 회의 시간에도 이를 응용해볼 수 있지 않을까 싶다. 좋은 소재를 발굴하여 회의나 미팅 자료로 제시했다면 그것을 읽고 반드시 견해를 제시하도록 하는 것이다. 그것도 2분에 압축해서 말이다.

상황 2 부하직원과 함께 할 시간이 부족할 때

대부분 바쁜 직업 현장에서는 부하직원과 함께 할 수 있는 시간이 많지 않다. 그렇 때는 서로 간에 공통된 소재를 가지고 있는 것이 좋다.

예를 들어 같은 영화나 업계 전문지를 봐두면 대화의 깊이가 달라진다. 같은 장소가 아니더라도 각자의 시간에 공통된 소재를 보는 시간을 늘려가는 것이다. 그러고 나서 자리를 함께 할 때 토론을 하면 짧지만 알찬 시간을 보낼 수 있다.

기업 현장에서는 모두가 바쁘다. 학교처럼 일부러 수업 분위기를 만든다는 것은 있을 수 없다. 함께 있을 때만 할 수 있는 일을 하는 것이 좋다. 예를 들어 두 사람이 같이 있으면서 각자 책을 읽는 것이 아니라 이러한 행동은 각각 따로 있을 때 해두는 것이다. 포인트는 '함께 있기 때문에 할 수 있는 것을 하는 것'이다.

예를 들어 영화를 함께 볼 수 없는 경우도 많다. 하지만 같이 보지 않더라도 각자 봐두면 나중에 그 영화에 대해 이야기를 나눌 수 있다. 상사가 직접 소재를 제안하는 것도 좋지만, 가끔은 부하직원이 열중하고 있는 것을 함께 해보는 것도 좋다. 그렇게 하면 "그런 것을 좋아하니까 이것도 좋아할 거야."와 같이 다음 단계의 소재를 선택하기가 훨씬 수월하다.

홋카이도의 한 기업에서는 영업부의 전 직원이 닌텐도 게임기로 트렌드 읽기를 시도한 적도 있다. 중요한 것은 서로 공유할 수 있는 공통의 소재를 발굴하는 것이다.

아무리 가르쳐도 늘 제자리걸음을 하는 부하직원을 보면 화가 나게 마련이다. 나는 이런 리더들에게 이렇게 권한다.

"가르친 내용을 그 자리에서 바로 복창하도록 시킵니다. 입으로 암기하는 것은 아주 효과적인 방법입니다."

초등학생에게나 어울릴 법한 발상이라고 비웃을지도 모르겠다. 하지만 초등학생이나 샐러리맨이나 인간이기는 매한가지다. 부하직원을 너무 과대평가하는 것은 그 사람을 위해서도 좋지 않다. 기본적인 업무 내용은 그렇게 기초적인 방법으로라도 확실히 익히도록 해야 한다.

예를 들어 잘 잊어버리는 부하직원에게 전화로 빠르게 이야기하고 그것을 다시 설명하게 해보는 상사도 있다. 실제로 전화로 상대방에게 길을 설명했는데, 처음엔 잘 알아들었다며 전화를 끊고서는 얼마 안 있어 다시 한 번 설명해달라는 전화가 오는 것을 보면 썩 괜찮은 학습 방법인 것 같다. 그분은 이렇게 이야기했다.

"한두 번 해서 안 되면 의자에서 일어나 복창을 시킵니다. 이렇게 해보면 그 사람이 확실히 외웠는지를 알 수 있습니다."

그분은 이러한 '완전 복창 방식'을 확대 적용하여, 신입사원들에게는 "방금 가르쳐준 내용의 포인트를 말해보라"고 지시하고 복창

시키는 풍토를 정착시켰다. 그러자 눈에 띄게 실수가 줄어들었다고 한다.

여기서 포인트는 중요한 사항에 대해서는 단호해야 한다는 것이다. 가르치는 대상에 따라 소재와 방법이 바뀌어야 하는데, 때로는 단호하고 다소 무식한 방법을 써야 하는 경우도 있다. 일의 순서나 절차 같은 것이 그런 경우다. 순서나 절차를 담은 소재를 발굴한 다음 그것을 외우게 하고, 틀리면 업무에 준하는 벌칙을 줄 수도 있다.

그 단계를 넘어선 사람은 심화 학습이 효과적이다. 즉 배운 것을 다른 사람에게 가르치게 하는 것이다. 이것도 기본적으로는 복창 방식과 같다.

TV 추리극장도 콘텐츠가 될 수 있다

리더 못지않게 부모들도 가르침의 콘텐츠에 목이 마르다. 직장에서는 부하직원과 씨름하고, 집에서는 자녀들 때문에 골머리를 앓는다. 직장에서 쓰던 방법을 가정에서도 활용해보면 어떨까?

아이들에게 어떤 텔레비전 프로그램을 보게 할지를 결정하는 것도 콘텐츠 선택이다. 아이들은 텔레비전을 항상 보고 싶어한다. 따라서 기본 채널을 어디로 설정할지, 채널 선택권은 누가 가질지, 시청 시간을 어느 정도로 제한할지, 애니메이션은 일주일에 몇 편으로 정할지 등을 생각해야 한다.

아이가 보고 싶은 애니메이션의 후보로 10편을 뽑았다고 하자. 이 중에서 베스트 3을 부모가 선택해서 이 세 가지에 대해서는 봐도 좋다고 허락한다. 부모는 아이가 올바르게 성장할 수 있도록 지도해야 할 책임과 그에 따른 권한이 있다.

부모가 모든 텔레비전 프로그램을 관리해야 하는 것은 아니지만, 아이가 볼 프로그램 선택에 어느 정도 관여하는 것이 좋다. 부모가 대하드라마를 꼭 보고 싶다면 아이와 함께 본다. 처음에는 재미없어 할지도 모르지만 자꾸 보다 보면 재미있어 할 것이다.

역사 인물 중에 누구를 좋아하느냐고 물으면 대부분의 사람들이 어릴 적에 대하드라마에서 본 인물을 이야기한다. 텔레비전의 영향이 그만큼 크다는 증거다.

예를 들어 〈추리극장〉 같은 프로그램을 볼 때면 나는 항상 '누가 범인인가', '조금 전의 장면은 어떤 상황이었나'에 대해 아이들과 이야기하면서 본다. "저 두 사람이 어떤 관계인지 알겠어?" 하고 묻기도 한다.

어른이라면 금방 알 수 있지만 아이들은 이해하기 어려운 내용도 있다. 이때는 "이 사람은 저 사람을 좋아하지만, 저 사람은 이 사람을 좋아하지 않는 거야."라고 가르쳐주기도 한다. 이런 식으로 질문이나 설명을 하면 〈추리극장〉도 가르치는 콘텐츠가 될 수 있고 이를 통해 스토리나 문맥을 이해하는 힘을 키워줄 수 있다.

역사 다큐멘터리를 볼 때는 예컨대 "이집트 왕조의 새로운 발견이란 어떤 것인지 설명해볼래?" 하고 질문을 던지기도 한다. 그러면 아이는 제대로 설명하지 못할 때가 많다. 이럴 때는 "설명하지 못하는 것은 모르는 것과 마찬가지"라고 이야기해준다.

텔레비전을 너무 많이 보는 것은 아이들의 성장에 나쁜 영향을 미친다. 지능도 떨어지고 사고력도 저하된다. 하지만 아이들은 텔레비전을 보는 것을 너무나 좋아한다. 그렇다면 무조건 금지하는 것보다 그것을 소재로 활용하는 편이 낫다.

텔레비전도 가르침의 콘텐츠가 될 수 있다고 생각하면, 설사 아이들과 함께 있는 시간이 줄어들더라도 텔레비전을 통해 아이들을 가르칠 수 있다.

가정에서 교육 콘텐츠로 쓸 수 있는 것은 그 밖에도 다양하다. 일을 효율적으로 진행하는 힘을 키워주려면 요리나 뒷정리를 함께 하는 것도 좋은 방법이다. 요리나 뒷정리가 콘텐츠가 되는 것이다.

누군가에게 뭔가를 가르칠 때 가장 좋은 방법은 그것을 함께 하는 것이다.

도움이 필요한 일을 함께 하면 더욱 효과적이다.

"이걸 빨리 정리해야 하는데 좀 도와줄래?"라고 하면 아이들은 대부분 열심히 돕는다. 이 방법은 얼마든지 응용할 수 있다.

예를 들어 컴퓨터를 사야 하는데 어떤 기종을 택할지 망설여질 때는 아이들의 의견을 물어본다. 물론 물어볼 때는 "이 기종의 장점은 이것이고, 이 컴퓨터는 이 부분이 뛰어나." 하는 설명을 곁들

인다.

아이들도 부모가 고민을 하고 있을 때 자신이 힘이 될 수 있다는 생각에 기분이 좋아진다. 아이에게든 어른에게든 자신의 힘을 발휘할 수 있고 도움이 된다는 것은 기쁜 일이다. 또한 '컴퓨터를 살 때 아이디어를 냈다'는 사실에 힘입어 컴퓨터에 흥미를 가질 수도 있다.

즉 자신이 흥미 있어 하는 소재건 아니건 간에, 아이들의 의견을 구하는 것만으로도 자연스럽게 가르치고 배우는 관계로 들어서게 된다.

리더의 한마디가
부하의 운명을 바꾼다

라이브 능력을 굉장히 어렵고 신비한 무엇으로 생각하기 쉬운데, 그렇지 않다. 간단히 말하자면 가르치는 리더가 부하직원과 소통하려는 노력이라고 할 수 있다. 똑같은 농담인데도 그날의 기분이나 어떤 상황 때문에 기분 나쁜 빈정거림으로 받아들이는 일이 얼마나 많은가!

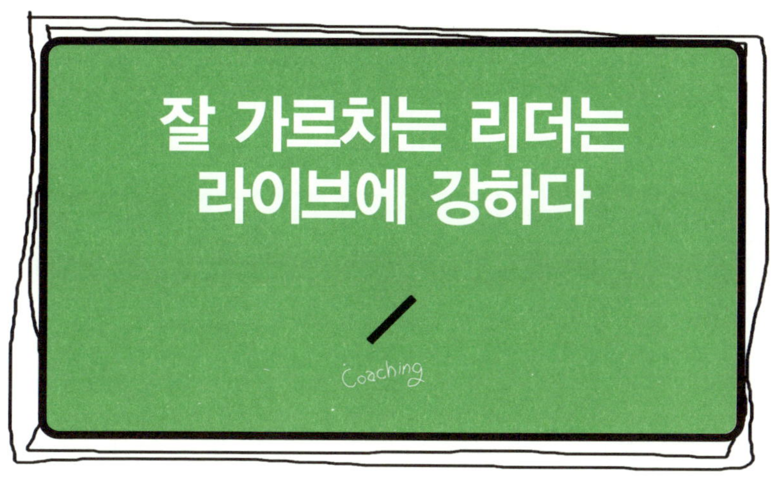

상황에 맞게 **대응방식도 달라야 한다**

고콘테 신쇼(1890~1973, 일본의 전통 코미디인 라쿠고 전문가-옮긴이)의
《민달팽이 함대》라는 자서전에 나오는 이야기다. 라쿠고(落語)에서
는 첫머리를 꺼낸다는 말이 있다. 신쇼는 먼저 가벼운 이야기를 꺼
내서 관객의 웃음에 대한 감각을 살핀다고 한다. 라쿠고를 이해하
고, 풍류를 아는 관객인지 그렇지 않은 관객인지 파악하는 것이다.
그리고 그 반응에 따라 이후의 전개를 바꾸어나간다고 한다.

오늘은 어떤 느낌인지 감지하기 위해 시험 삼아 공을 던져본다.
던져봐서 어떤 이야기를 할 것인지 생각한다. 라쿠고의 목적은 어디까지나 관객들의 웃음을 유발하는 것이다. 따라서 관객의 감각에 맞게 이야기를 해야 한다.

이 라이브 감각이 없으면 어떤 관객이 앉아 있든 그냥 이야기만 들려주는, 즉 관객을 즐겁게 하지 못하는 만담가가 되고 만다.

가르치는 것이란 어찌 보면 그날의 기분과 상황에 따라 팔색조처럼 변신하는 것인지도 모른다. 그것이 곧 '라이브 능력'이다.

라이브 능력을 굉장히 어렵고 신비한 무엇으로 생각하기 쉬운데, 그렇지 않다. 간단히 말하자면 가르치는 리더가 부하직원과 소통하려는 노력이라고 할 수 있다. 똑같은 농담인데도 그날의 기분이나 어떤 상황 때문에 기분 나쁜 빈정거림으로 받아들이는 일이 얼마나 많은가!

이것은 부하직원에 대한 일종의 배려이기도 하다. 학창 시절에 능력 없는 선생님들은 무작정 교과서나 참고서만 줄줄 읽고, 내내 필기만 하게 하는 것으로 수업 시간을 때웠다. 직무 현장에서는 귀중한 학습 기회를 그렇게 낭비할 수 없다. 성적보다 더 무서운 성과와 시장의 심판이 기다리고 있기 때문이다.

부하직원들을 배려하고 소통하고자 하는 리더의 자세는 부하직원들의 적극적인 참여를 끌어내는 필수적인 촉매제다. 가르침은 상대방의 참여를 이끌어내지 못하면 제대로 이루어지기 어렵다. 훌륭하고 값비싼 강사들은 청중을 빨아들이는 능력이 탁월하다.

그들은 마치 권투 선수들이 잽을 툭툭 던지면서 상대를 탐색하듯이 청중을 탐색한다.

리더도 마찬가지다. 부하직원들의 눈치를 잘 살펴야 한다. 자신이 하고 싶은 말만 장황하게 늘어놓으면 부하직원들을 고무하기는커녕 오히려 반발을 살 뿐이다.

툭툭 던져보고 잘되는 것을 고르면 된다

라이브 능력이란 완전히 새롭게, 즉흥적으로 한다는 의미가 아니다. 자신이 가지고 있는 무기 중에서 몇 가지를 시험해보고, 어떤 무기가 잘 먹히지 않았다면 다른 것으로 바꾼다. 그러면서 상대에게 적합한 것을 가지고 부딪쳐 나가는 것이다. 사람의 기분은 조변석개하게 마련이므로 거기에 맞춰야 한다.

조삼모사는 별 효과도 없이 겉만 바꿔 생색을 내고 기만하는 것을 말한다. 하지만 만약 원숭이들이 아침보다 저녁에 더 배가 고프다면 조삼모사도 굉장히 훌륭한 변화가 될 수 있지 않을까? 이처럼 내가 가진 것을 어떻게 조합하느냐에 따라 그 효과는 천차만별이다.

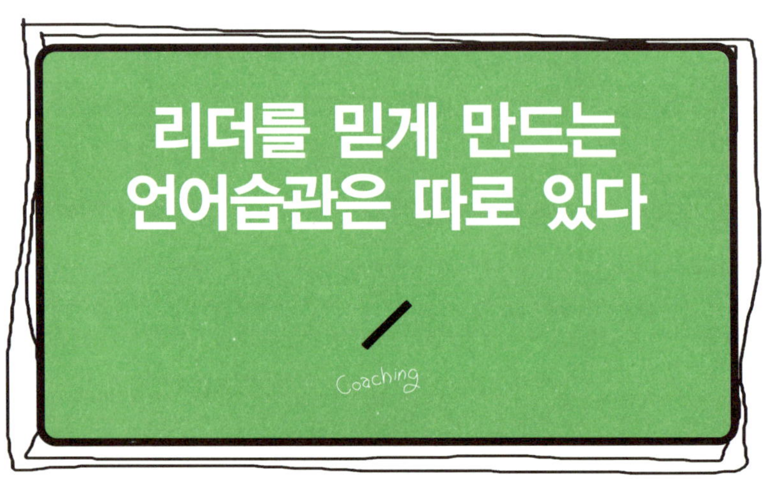

성공의 관건은 **신뢰관계의 구축 여부다**

대학 때 법률 강의를 들었는데, 교수님 한 분이 600명의 학생들 앞에서 장황하게 설명하는 것이 수업의 전부였다. 교수님이 끝없이 교재를 읽어주면 학생들의 의식은 졸음의 세계로 향하곤 했다.

나는 기본적으로 '절대 졸게 하지 않는다'는 각오로 강의를 한다. 그래서 강의 중간 중간에 커뮤니케이션을 넣어 청중의 의식이 잠들지 않도록 한다.

인간은 커뮤니케이션을 하고 싶어하는 동물이다. 자신의 존재로 인해 상대방의 반응이 바뀌는 것이 재미있기 때문일 것이다. 따라서 듣는 상대가 누가 됐든 이 사람은 항상 같은 말만 하고 있다는 생각이 들면, 더 이상 그의 이야기를 들을 기분이 나지 않는다.

연애에 비유하면 이해하기가 쉬울 것이다. 그 사람이 나한테만 이런 말을 한다는 생각이 들면 상대방이 더없이 좋아지고 매력적으로 다가온다. 하지만 반대로 누구에게나 같은 말을 한다고 느끼면 한순간에 마음이 식어버린다.

서로 연관이 있다는 실감이 안 들기 때문이다. 이것은 교육에서도 마찬가지다.

내가 교육자로서, 교육학자로서 성공할 수 있었던 비결을 단 하나만 꼽는다면 그것은 바로 '믿음'이다. 교육자로서 믿음을 얻는 비결은, 눈앞에 있는 사람들에게 '나는 여러분의 성공과 변화를 위해 이 자리에 섰다'는 감정을 온전히 전달하는 것이다.

리더가 작지만 세심한 관심을 보일 때 사람들은 믿음을 가진다. 부하직원들은 '아아, 우릴 보고 있구나.'라는 기분이 들게 되고, 여기서부터 커뮤니케이션이 시작된다. 이것이 바로 신뢰관계다.

신뢰는 크고 거창한 것이 아니다. 상대방의 눈을 바라보고, 작은 약속을 하고, 그것을 잘 지키는 것이다. 가르치는 사람은 배우는 사람이 간절히 원하는 것을 찾아서 파악하고, 충족시켜줄 때 신뢰받는다.

부하직원들은 '자신과 커뮤니케이션하는 상사' 인지를 판단한다

상대방이 자신과 커뮤니케이션을 해주는 사람인가 아닌가. 아이 어른 할 것 없이 이에 대해 놀라울 정도로 민감하다.

학생은 선생님을 본 순간 '이 선생님은 실력이 있는가, 없는가', '딱딱하다, 부드럽다' 라는 두 가지 포인트를 생각한다. 부드럽다는 것은 자신에게 관심을 가져준다는 것이다. 반면에 딱딱한 인상은 '비집고 들어갈 틈이 없다' 는 것이다.

딱딱하다 또는 부드럽다는 느낌은 인간의 근본적인 감각으로, 차갑다 / 따뜻하다는 감각과 비슷하다. 딱딱한 인상을 주는 사람은 차가운 인상을 준다고도 할 수 있다. 반면에 부드러운 사람은 따뜻한 사람과 느낌이 비슷하다.

즉 따뜻한 사람이란 자신과 커뮤니케이션해주는 사람이라는 얘기다. 자신을 위해 시간을 써주는 사람이라고도 할 수 있다. 가르치는 속도나 순서가 전부 결정되어 있어 자신에게 시간을 전혀 할애해주지 않고, "좋아, 다음!" "좋아, 다음!"과 같은 말만 해서는 상대를 즐겁게 할 수 없다.

직장에서도 마찬가지다. 인간적인 융합, 인화, 조직의 화합 등을 소리 높여 외치기 전에 상사이자 리더로서 자신이 부하직원들을 얼마나 구체적으로 받아들이는지 반성해봐야 한다. 무슨 말을 하더라도 온전히 받아주는 부드러움이 느껴진다면, 배우는 쪽은 안도감을 갖고 긴밀한 관계를 맺고자 한다.

제대로 듣기만 해도 **유능한 상사 대접을 받는다**

받아주는 쪽에서 어떤 공이 오더라도 받아낼 수 있는 강인함이 있으면 배우는 쪽은 안심하게 된다. 하지만 일방적인 사람도 있게 마련이다. 상대가 말한 것을 전혀 파악하지 못하는 사람이다. 간단히 말하면 문맥력이 없다고도 할 수 있다. 문맥력은 상대가 무슨 말을 했을 때 그것을 받아들이는 힘을 말한다.

부하직원이 무슨 말을 하면 그 맥락을 연결해서 이야기한다. 그러면 부하직원은 만족감을 느낄 것이고, 그에 따라 이야기가 계속 이어진다. 하지만 직원이 무슨 말을 해도 "그래, 알았어. 그럼 다음으로 넘어가지." 하고 건성으로 받아들이면, 부하직원은 "뭐야, 날 무시하는 거야?"라고 생각하게 된다.

흔히 직장에서는 이런저런 이야기를 들어주다 보면 불평이 끊이지 않게 되고 결국 기강이 해이해진다고 생각한다. 그것은 상사나 리더가 원칙을 갖고 판단해야 할 문제다. 무조건 "잔말 말고 일이나 해!"라는 태도는 자신의 무능을 드러내는 것일 뿐이다.

학교에서도 아이들은 쓸데없는 이야기를 꺼내곤 한다. 가끔은 그냥 넘어가는 것도 좋지만, "아아, 그래?"라고 슬쩍 받아넘기면서 문맥 안으로 재빠르게 들어가는 것도 한 방법이다. 이런 습관은 직장으로도 이어진다. 쓸데없는 잡담이 나쁜 게 아니라 초점을 못 잡고 그것에만 매달리는 경우 문제가 생기는 것이다.

상사는 온갖 잡담과 농담, 불평불만들을 잇고 취사선택하여 부하 직원들이 가장 중요한 핵심 원칙으로 접근하도록 이끌어야 한다. 이런 사람을 나는 강한 문맥력을 가지고 있는 사람이라고 부른다.

누군가를 '가르친다' 는 것은 주어진 시간 안에서 하나의 문맥을

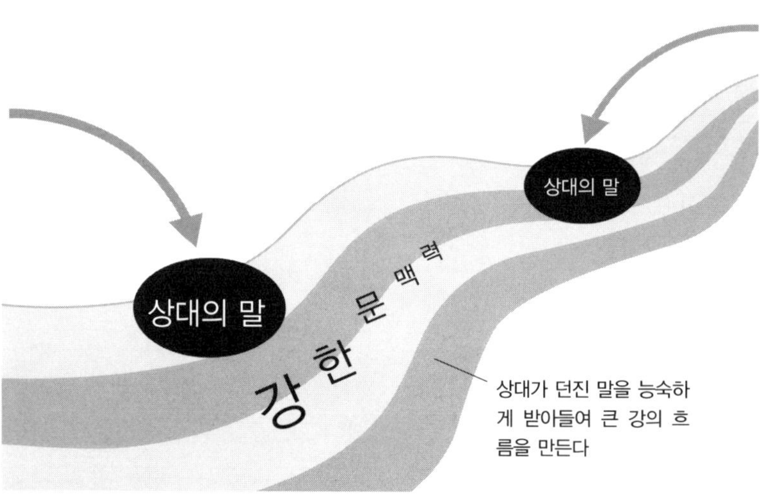

완성하는 일이다. 이 문맥이 툭툭 끊어지는 사람은 억지로 하고 있다는 느낌을 준다. 반면 제대로 가르칠 경우에는 이 문맥을 커다란 강물처럼 흘러가게 한다.

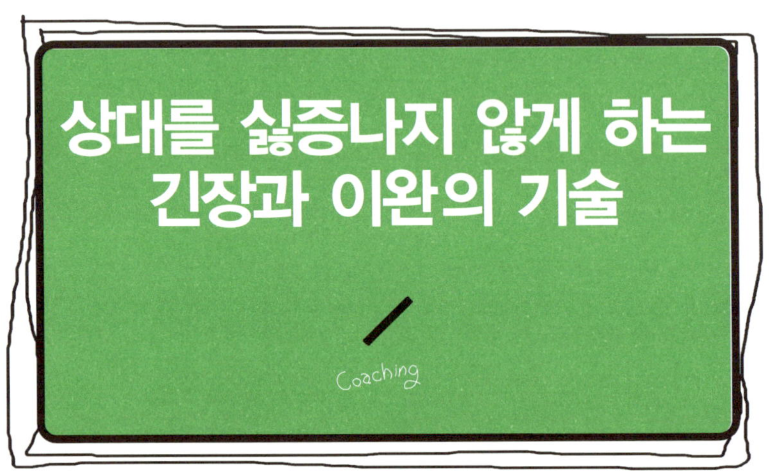

가르치는 현장에는 '긴장감'이 있어야 한다

가르치는 현장에서는 긴장감을 느낄 수 있어야 한다.

예를 들어 부모가 아이들을 가르칠 때도 '오늘은 아주 철저하게 할 거야!' 라는 분위기를 느끼게 해야 한다. 평소 대화 나누듯이 "우리 이제부터 공부하자."라고만 말하면 아이들은 의욕이 생기지 않는다. '난 이미 굳게 결심했어. 네가 공부 안 하면 여기서 절대 안 움직일 거야!' 와 같은 고조된 긴장감을 드러내는 것이 좋다.

각종 미팅이나 평가 회의 역시 마찬가지다. 정말 중요한 것을 가르쳐야 할 때는 어설픈 타협을 배제하고 경직됐다 싶을 만큼 긴장감을 조성할 필요가 있다. 그래야 제대로 배우고 가르칠 수 있다. 비용 처리와 관련해서 공과 사를 제대로 구별하지 못하는 직원들이 많은데, 그런 이슈를 처리할 때는 눈물을 쏙 빼놓겠다는 각오로 임해야 한다.

이러한 긴장감은 잘만 조절하면 기분 좋은 것이다.

사람들의 의식을 일깨워 긴장감을 높이기 위해서는 가르치는 사람도 스스로 긴장감을 고조시킬 필요가 있다.

긴장감을 고조시키는 것은 누구나 내키지 않는 일이다. 때로는 악역을 맡아야 할 때도 있다. 평소에 사람 좋은 상사로 평판이 자자했는데, 싫은 소리를 들어야 할 때가 있다. 그것은 조직 생활의 딜레마이기도 하다. 하지만 어쩌겠는가? 남의 시선을 의식해 좋은 말만 하다가는 부하직원들은 아무것도 배우지 못하고 결국 뒤처지게 된다.

놀 때 분위기를 고조시키는 것은 쉬운 일이지만, 성실하게 하는 일에 대해서는 긴장감을 높이기 힘들다. 따라서 가르치는 사람은 배우는 쪽의 긴장감을 높이기 위한 존재가 되어야 한다.

이때 배우는 쪽과의 관계가 형성되어 있지 않고 혼자일 경우에도 적절한 긴장감이 필요하다.

가르치는 현장에 섰을 때는 자신의 기어를 2단 정도 올려서 임하도록 하자.

분위기만 잘 타면 **고래도 춤출 수 있다**

배우는 쪽이 예를 들어 힘든 업무 회의 등으로 인해 굉장히 피곤한 상태라면 보통 때와 같은 메뉴를 내미는 것은 무리다. 차라리 과감하게 15분간 휴식을 선언하거나 임기응변으로 대응할 수 있어야 한다.

내가 운영하는 학원에서는 학생들이 피곤해하는 것 같으면 〈미스터 빈〉 영화를 5분간 보자고 한다. 이런 시간을 언제 끼워넣을지는 아이들의 상태를 보고 결정한다.

원래는 수업 마지막에 보는 편이 학생들에게 가장 좋다. 그전까지는 굉장히 힘든 훈련을 했어도 마지막에 〈미스터 빈〉을 보여주면, 생기가 돌면서 "오늘 수업은 재미있었어!"라는 기분으로 돌아갈 수 있다. 또 오고 싶다는 생각이 절로 든다. 그리고 다음번에 올 때는 뭔가 재미있는 일이 생길 것 같은 기대감마저 든다.

엄격한 트레이닝을 질리지 않게 시킬 수 있을 때 뛰어난 교육이라고 할 수 있다.

부하직원이라면 분위기가 고조되었을 때 갈 수 있는 데까지 가게 해본다. 분위기를 탔다고 생각되면 마음껏 시켜본다. 그러면 훨씬 좋은 성과가 나올 것이다.

우리는 스스로 '나는 여기까지야.' 라고 한계를 정하지만 그 이상으로 해내는 경우가 많다. 인간이란 의외로 강인해서 분위기를 타기 시작하면 엄청난 힘을 발휘하며 불가능해 보이는 일도 해낼 수 있는 존재다.

긴장과 이완을 **반복시켜라**

라이브 감각이란 긴장과 이완을 반복시킬 수 있는 능력이다.

긴장시키고 느슨하게 할 수 있다면 그 장소의 분위기를 상당히 능숙하게 조절할 수 있다. 즉 가르치는 현장의 충실도를 높일 수 있다.

어느 정도의 긴장감은 좋지만 내내 그러한 분위기라면 금방 피곤해져서 집중력이 떨어진다. 따라서 이럴 때는 농담으로 기분을 전환시켜 다른 메뉴를 시도하는 등 긴장을 풀어주는 기술이 필요하다. 그러면 기분을 바꿔서 또 다른 곳에 집중할 수 있다.

상대를 얼마나 오랫동안 집중시킬 수 있는지는 가르치는 사람의 역량에 달려 있다. 긴장만 시키는 사람은 때때로 집중이 끊어지고, 이완밖에 시키지 못하는 사람은 긴장감이 없어 적절한 타이밍에 집중시킬 수 없다. 따라서 이러한 긴장의 강약을 조절하는 방법을 항상 생각해야 한다.

수업이 하나 끝나면 잠시 쉬는 시간을 갖는 것처럼 긴장의 강약 조절은 교육의 기본적인 형태다.

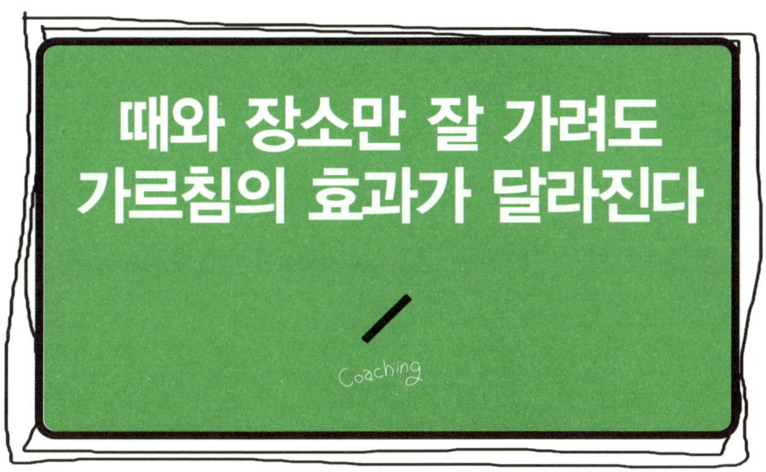

행사 진행자처럼 **시간과 공간을 관리하라**

배우는 쪽의 자세는 공간적, 시간적 제약을 상당히 받는다. 전체적인 설정이 틀리면 가르치는 쪽과 배우는 쪽이 아무리 노력해도 학습효과가 올라가지 않는 경우가 있다. 따라서 가르치는 쪽은 공간과 시간의 매니지먼트를 소홀히 해선 안 된다.

　예를 들어 회의를 할 때 책상 배열이 나쁘면 아무래도 커뮤니케이션이 원활하게 이루어지지 않는다. 회의가 잘 풀리지 않을 때는 '혹시 책상 배열이 잘못되지는 않았는지' 생각해서 책상 배열 방식을 바꿔본다.

의외로 많은 리더들이 회의 환경에 무심한데 반드시 고쳐야 한다. 회의 공간이 너무 추우면 따뜻하게 하고 더우면 창문을 열어 온도를 낮춘다. 무엇보다 산소량을 염두에 두는 것을 잊지 말아야 한다. 쾌적한 환경은 사람들의 집중력을 한층 높여준다. 가르치는 사람은 이러한 점까지 세세하게 신경 써서 좋은 환경을 만들어야 한다.

어떤 장소, 어떤 시간에서, 어떤 메뉴를 실시할 것인가? 이러한 것들을 그 자리에 있는 멤버들의 힘이나 그때그때의 집중력에 적합하게 바꿔가도록 하자. 이렇게 작은 배려를 통해서도 직원들의 능력이 향상될 수 있다.

좋은 공간은 **탁월한 스승이 될 수 있다**

자식을 교육할 때는 시간과 공간 관리를 잘해야 한다. 참 고달픈 일이지만 부모 노릇을 하려면 어쩔 수 없다. 예를 들어 저녁 8시까지는 텔레비전을 봐도 좋지만, 8시가 되면 방에 들어가서 책상에 앉게 하는 것도 시간과 공간의 관리다.

많은 경영자나 리더들에게 "부하직원을 위해서도 그렇게 해야 합니다."라고 말하면 깜짝 놀란다. 사람이 얼마나 환경에 민감한 존재인지를 모르기 때문이다. 사람은 평생토록 가르치고 배워야 하는 존재임을 간과한 것이다.

보통 때보다 진지한 이야기를 하고 싶을 때는 회사라는 일상공간에서 벗어나, 대면 자세를 취하기 쉬운 찻집으로 나가본다. 직원들을 어린애 취급하라는 이야기가 아니다. 가르치거나 전하고 싶은 내용에 적합한 장소를 선택하라는 것이다.

독서 경영을 권장하고 싶거든 지시만 하지 말고 함께 서점에 가서 몸으로 부대껴보는 것이 가르치는 리더의 할 일이다. 문화 접대가 무엇인지 알려주고 싶다면 직접 콘서트 표를 끊어서 동행해보라. 백 마디의 연설, 천 페이지짜리 자료보다 더 큰 효과를 거둘 수 있다.

타이밍을 맞춰서 적당한 분량으로 이야기하라

가르치는 리더는 정해진 시간 내에 정리된 이야기를 할 수 있어야 한다.

장황하게 이야기하다가 결국 무엇을 가르쳤는지 자신도 모르는 상황이 되거나 시간 초과로 가장 중요한 부분은 다루지도 못한 채 끝난다면 아무런 소용이 없다.

가르치는 현장에서는 3분이건 10분이건 정해진 시간 안에 정해진 이야기를 다 할 수 있는지가 중요하다. 이것은 연습하지 않으면 안 된다.

나는 4인 1조가 되어, 한 사람씩 아무것도 보지 않고 5분간 이야기하는 메뉴를 실시하고 있다. 전원이 다 끝나면 누구의 이야기가 가장 잘 정리되었는지 투표한다. 5분 안에 일목요연하게 이야기를 하기 위해서는 철저한 준비가 필요하다는 것을 알게 된다.

이것은 특히 리더가 집중적으로 훈련해야 할 메뉴다. 부하직원들도 미리미리 해둬야 하지만, 회의를 주재하고 평가를 주도하고, 비전을 공유하는 것은 리더의 몫이기에 짧고 정확하게 메시지를 전달하는 능력을 키워야 한다.

이렇게 하려면 평소부터 준비해야 한다. 임기응변 능력도 알고 보면 평소에 얼마나 많은 준비를 했느냐에 따라 달라진다. 5분 분량의 이야깃거리를 몇 가지 준비해두었다가 임기응변으로 사용하면 상대의 주의를 환기시킬 수 있다. 많은 이야기를 준비해두고 있으면 큰 도움이 된다.

능력보다 중요한 것은 **깨어 있는 의식이다**

가르친다는 목적을 달성하기 위한 전 단계로서 중요한 것은 상대
의 의식 레벨을 높이는 것이다. 특히 다수를 가르치는 경우 의식 레
벨이 균등하게 올라가지 않으면 교육을 하기 어렵다. 따라서 미팅
공간이나 사무 공간에 들어갔을 때, 직원들의 몸과 마음의 긴장감
이 어느 정도인지 즉시 판단할 수 있어야 한다. 예를 들어 기준을
10이라고 했을 때 '지금은 1아니면 2' 또는 '이 사람은 6이지만 저
직원은 2' 와 같은 식으로 레벨을 파악한다.

이와 같이 어떤 사람의 레벨을 즉시 파악하는 능력이 '감지력'

이다.

다수를 가르치는 경우 자주 문제가 되는 것은 배우는 쪽의 능력 차다. 그러나 실제로 능력 차보다 크게 나타나는 것이 의식 레벨의 차이다. 능력이 있어도 의욕이 전혀 없는 사람은 주변에 나쁜 영향을 끼친다. 흔히 똑똑하지만 조직에 보탬이 안 된다는 평을 받는 직원들이다.

그런 부류의 사람들은 학교나 유치원에서 교사들의 무능으로 인해 양산된 것이다. 예를 들어 팀에서 축구를 가장 잘하는 아이가 코치에게 반항적이고 의욕이 없다면 다른 아이들은 더욱 해이해질 것이다. 적당히 컨트롤하고 자극을 줘서 의욕을 북돋아줘야 하는데, 대부분의 교사들이 그런 아이들을 격리하거나 방치하기에 급급하다.

그들은 시험을 잘 봐서 좋은 회사에 들어가지만 결국 기업의 경쟁력을 떨어뜨린다.

사실 기업 현장에서 직원의 능력 차이는 그다지 큰 문제가 아니다. 능력이 뛰어나지 않은 직원이라도 의식 레벨이 나름대로 활성화되어 있으면, 대부분의 경우는 괜찮다. 간단히 말하면 분위기가 흐트러지지 않는다. 조직력도 자연히 높아진다.

일전에 모 대기업의 팀장이 산만한 팀원 때문에 고민을 토로했던 적이 있다. 나는 그에게 자리에 제대로 앉아 있지도 못할 정도로 산만한 아이의 이야기를 들려주었다.

나는 그 아이에게 《가르강튀아 이야기》(F. 라블레의 풍자 소설. 거인 가르강튀아의 엉뚱한 대활약을 다루고 있다)를 읽어주었다. 한 문장 한 문장이 재치와 위트로 가득 차 있는 재미있는 소설이다. 아이는 한 문장이 끝날 때마다 웃어댔다. 그러자 다른 아이들도 따라서 같이 웃기 시작했다.

웃음은 의식 레벨이 상당히 높은 상태이므로 그 아이가 다른 아이의 의식 레벨까지 올려준 것이다. 즉 수업을 리드하는 존재가 된 것이다.

앞서 말한 대기업 팀장은 이를 응용해서 확실한 효과를 보았다. 먼저 산만한 직원의 취향을 파악한 다음, 회의 주제와 관련 있는 사례를 골라서 그 직원을 날카롭게 자극했다. 그날은 오히려 그 직원이 너무 이야기를 독점하는 역효과가 나기는 했지만, 문제 해결의 단초를 잡았다는 감사의 메일을 보내왔다.

핵심은 분위기를 잡아채는 것이다. 의식 레벨은 자극하지 않으면 좀처럼 올라가지 않는다. 따라서 여러 가지 형태로 상대를 자극해보고 기회를 포착해서 그 분위기에 편승하도록 한다.

냉소적인 태도는 **절대 용납하지 마라**

의식이 활성화된 상태는 다른 사람에게도 전파된다. 냉소적인 상태 역시 마찬가지다. 대화를 할 때 아주 냉소적인 반응을 하는 사람이 있으면 전체 분위기가 가라앉는다.

따라서 나는 능력에는 별로 구애받지 않지만 냉소적인 태도에 대해서는 엄하게 지도한다. "너 자신은 그래도 문제없다고 생각할지 모르겠지만, 너의 행동이 주변 사람들에게 피해를 주고 있어. 뜨거운 탕 속에 갑자기 얼음을 집어넣으면 온도가 어느 정도나 내려갈 것 같아?"라고 지적하거나, "그러한 태도를 취할 거면 미팅에 참가하지 않는 게 좋겠다."라고 확실히 말한다. 물론 이 말을 듣고 "그럼 참석하지 않겠습니다."라고 반응하는 직원은 아무도 없을 것이다.

배우는 쪽은 자신의 냉소적인 태도에 대해 별로 죄책감을 느끼지 않는다. 자신이 어떤 태도를 취하건 그것이 일이나 미팅, 회의 진행과는 아무 상관없다고 생각하기 때문이다.

물론 그런 경우도 있을 수는 있다. 예를 들어 남들은 열심히 메모하고 있는데 잠을 자는 직원이 있어도 강사가 전혀 신경 쓰지 않는 강연회나 단체 교육이 그렇다. 하지만 이것은 라이브 감각이 없는 교육이다. 그리고 그런 교육이 잦은 회사는 조만간 문을 닫게 된다.

　중요한 것은 서로의 에너지가 넘나들며 더욱 불타오를 때 더 잘 배우고 더 잘 가르칠 수 있다는 점이다. 따라서 이를 위해서는 배우는 쪽의 협력이 필요하다. 협력하지 않고 냉소적인 사람에 대해서는 단호해져야 한다.

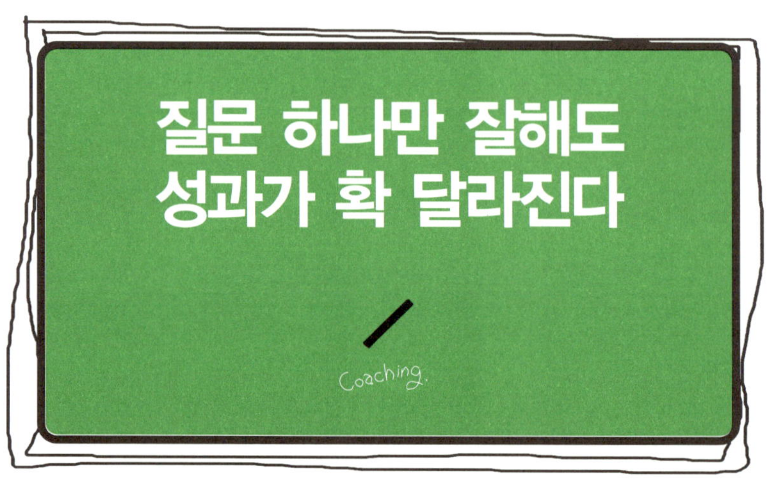

좋은 질문 하나로도 **성취감이 생긴다**

'발문(發問)' 이란 물음을 던진다는 의미다. 일반적인 표현은 '질문' 이지만 교육학 분야에서는 '발문' 이라는 표현을 더 많이 쓴다.

질문이란 예를 들어 "당신의 취미는 무엇입니까?"와 같은 것이다. 상대가 즉시 대답할 수 있고 알고 있는 것을 묻는다는 느낌이다.

반면 발문이란 생각을 하도록 테마를 던진다는 이미지가 강하다.

즉시 대답할 수 있는지 없는지는 알 수 없지만, 상대가 그 물음을 깊이 생각하거나 그러고 보니 지금까지 그것에 대해 생각해본 적이 없다는 것을 깨닫게 된다. 그러면 이로 인해 뇌가 활성화한다.

이와 같이 뇌를 활성화시키는 물음을 던지는 것이 발문이다.

교육의 경우에는 먼저 큰 발문, 즉 축이 되는 발문이 필요하다.

이것은 가르치는 내용의 중심이 되는 질문이라고도 할 수 있다. 예를 들어 강연에서 "브릭스란 무엇인가?"라는 물음을 던졌다고 하자. 이것은 '이 강연이 끝날 때는 브라질, 러시아, 인도, 차이나 등 세계 경제를 선도하는 신흥 경제 강국에 관해 답할 수 있게 된다'는 목적을 확실히 하기 위한 발문이다.

업무의 경우라면 "고객의 만족도를 높이는 대응이란 어떤 것인가?"라는 물음을 던진다. 물론 즉시 대답하지는 못하지만 이 세션이 끝날 즈음 그 답을 알게 된다면, 이것은 큰 축이 된다. 가르치는 쪽도, 배우는 쪽도 물음을 던짐으로써 테마를 확실히 인식할 수 있다.

물음이 없는 교육은 상당히 지겹다.

예를 들어 "인플레이션 현상에 대해 설명하겠습니다."로 시작해서 '그건 이렇고 이런 것이다'는 식으로 끝나버리면, 배우는 쪽은 '알긴 알겠는데 그래서 나보고 뭘 어쩌란 말이야?' 라는 생각이 든다. 스스로 생각해서 답을 이끌어낸다는 느낌이 거의 들지 않는다.

그러나 처음에 "인플레이션 현상은 우리 회사의 수익에 어떤 영향을 주는가?"라는 물음을 던지면, 프레젠테이션을 진행하는 동안 "봐, 조금 전의 질문도 지금이라면 대답할 수 있겠지?"가 된다. 물음이 존재함으로써 성취감이 확실해지는 것이다.

대수롭지 않은 차이라고 생각할지도 모르겠지만 이것은 아주 큰 차이다.

큰 테마, 즉 축이 되는 물음에 대해 생각하게 하는 것. 이러한 발문으로 배우는 쪽의 문제의식을 환기시키는 것이 중요하다.

이런 질문이 **뇌를 활성화시킨다**

축이 되는 발문을 하는 것도 중요하지만, 실제로 가르칠 때는 구체적이고 빠르게 대답할 수 있는 물음을 던져야 한다.

천천히 생각하게 하는 것이 중요하다고 해도, 사실 생각하는 시간에도 의외로 멍하니 보내는 경우가 많다. 즉 머리가 거의 움직이지 않는 것이다. 따라서 생각하는 시간을 헛되게 보내지 않도록 속도감 있게 물음을 던지는 것이 좋다. 이로 인해 뇌가 활성화한다.

또한 구체적인 질문을 하면 상대의 실력을 가늠할 수 있다. 즉 강연의 경우는 "이것을 모른다면 좀더 간단한 것부터 시작해야겠군." 하고 방향을 수정할 수 있고, 업무의 경우는 "이것을 모른다면 이 일을 맡기는 것은 아직 이른 것 같아."라고 판단할 수 있다.

이러한 발문은 임기응변으로, 즉 상대의 능력이나 분위기를 보고 결정해야 한다. 즉 상대를 활성화시키거나 실력을 가늠하기 위한 발문은 라이브로 생각해야 한다는 말이다.

질문은 미리 **준비해둬야 한다**

잠시 기업 얘기 대신 교육 현장 얘기를 해보자.

나가노의 한 초등학교에서 미요시 다쓰지(1900~1964, 시인)의 '땅(土)'이라는 시를 해석하는 연구 수업을 참관한 적이 있다. 수업 계획이며 해석에 이르기까지의 발문이 아주 세심하게 준비된 것 같았다.

시를 낭독하는 아이들의 목소리를 듣는 순간, 담당 교사는 '예상한 것보다 아이들에게 훨씬 힘이 있다. 이 시를 이해하고 있는 낭독법이야!' 라고 생각했다고 한다.

원래는 단계를 천천히 올려가는 발문을 준비했지만, 이미 아이들은 10단계 정도는 뛰어넘은 상태였다. 담당 교사는 '그럼 여기서부터 시작하는 것이 좋겠다' 는 생각이 들어 계획을 수정했다. 준비했던 발문을 버리고 '어떤가요?' 라는 발문을 한 것이다.

'어떤가요?' 라는 질문은 너무 막연해서 거의 금기시되는 발문이지만 결국 성공할 수 있었던 것은 아이들에게 실력이 있었기 때문이다. 그 다음 아이들끼리 의견을 교환해서 더욱 깊은 부분까지 진행되었다.

이 경우에 포인트는 두 가지다. 즉 발문을 준비했다는 것, 그리고 상대의 실력을 보고 발문을 수정했다는 것이다.

회사에서도 마찬가지다. 리더가 미팅이나 각종 모임을 준비할 때 가장 신경 써야 하는 것은 좋은 질문을 많이 만들어놓는 것이다. 좋은 질문, 다시 말해 발문은 리더에게는 강력한 무기와 같다. 무기가 넉넉하다면 여유가 생기고 제대로 가르치고 존경을 받을 수 있다.

임기응변은 거듭 말하지만 철저한 준비에서 나오는 것이다. 아무리 라이브라고 해도 모든 발문을 그때그때 생각해낼 수는 없다. 심한 경우 가르치는 쪽이 답을 모르는 질문을 할 수도 있다.

"팀장님, 그래서 답이 뭔가요?"라고 짓궂은 직원이 되물으면 "글쎄, 잘 모르겠는데."라고 대답하는 우스운 상황이 펼쳐질 수도 있다. 미리 준비하고 상황을 봐가며 조절하는 것이 절대 원칙이다.

상대의 실력과 상황을 **철저히 판단한다**

업무를 가르칠 때도 그 사람의 능력이나 상황에 적합한 대응을 하는 것이 중요하다.

예를 들어 파견 사원을 교육할 때 그들이 이미 알고 있는 것을 장황하게 가르치는 사람이 있다. 하지만 이상적인 상사는 파견 사원의 실력을 한눈에 파악하는 안목을 가지고 있기 때문에 "자네는 이건 알고 있군. 그럼 여기서부터 가르쳐주지."라고 말한다. 어떤 사람이 오든지 처음 단계부터 가르치는 것은 시간 낭비다. 배우는 쪽도 '이 사람은 내 실력을 알려고도 하지 않고 원칙대로만 설명하는 사람'이라고 판단하고 단념해버린다.

가르치는 것이 능숙하다는 것은 결국 에너지 효율이 높다는 말이다. 이것은 상대의 실력을 한눈에 파악하는 안력에 의해 유지된다.

알맞은 일을 **알맞은 순간에 맡길 줄 안다**

이 정도는 괜찮다고 생각하고 맡겼다가 생각지도 못한 낭패를 보는 경우도 있다. 상대방의 실력을 파악하기 어려울 때는 슬쩍 속을 떠보는 것이 좋다. 가벼운 질문을 해보거나 간단한 업무를 맡겨보면 알 수 있다. 그러면 '전부 맡기는 것은 위험하니까 이것부터 맡겨보자'는 판단이 설 것이다.

그 사람이 할 수 있는 일이 어느 정도인지 파악했다면 우선 그 일부터 시켜본다. 즉 함께 일을 해나가는 중에 교육이 이루어진다고 생각하는 것이 좋다. 교육이라고 생각하면 좀처럼 성장하지 않기 때문이다.

일을 함께 하면서 가르쳐주었는데도 성장하지 않는 사람이 있다. 즉 상대가 일정한 일 이상은 하지 못한다고 간주하는 경우다. "자네는 이것만 하면 돼." "그냥 있기만 하면 돼." 하는 식으로 그 사람이 할 수 있는 일을 한정해버리면 상대는 그 이상 성장하지 못한다.

하나를 할 수 있게 되면 계속해서 다른 일을 맡긴다. 교육할 때는 일을 능숙하게 분배하는 것도 중요하다. 그리고 실수를 하더라도 어떻게든 대응할 수 있을 정도의 일을 맡기도록 한다.

이것을 판단하기 위해서는 커뮤니케이션을 통해 일일이 확인해야 한다. 하지만 커뮤니케이션을 자주 하지 않는 상사는 한 번만 실수를 해도 '이래선 안 되겠군.' 하고 생각해버린다. 상사의 이러한 생각은 부하직원에게도 고스란히 전달되어 사기를 떨어뜨리게 된다.

부하직원이 실수를 할 때는 '여기까지는 좋았지만 여기서 실수를 했다'고 세밀하게 분리해서 판단하도록 한다. 하나의 실수로 전부를 판단하는 all or nothing(전부 아니면 아무것도 아니다)의 사고방식은 피해야 한다.

게임을 하는 것처럼 업무를 즐길 줄 안다

상대에게 '이 사람과 일할 때는 라이브 감각이 느껴진다'는 느낌을 주면 그 사람의 능력을 엄청나게 끌어낼 수 있다.

나는 여럿이 일하는 경우 빈틈을 만든다. 완벽하지 않다는 분위기를 내는 것이다. 어느 정도 빈틈이 있으면 그 공간으로 상대가 들어올 수 있다. 즉 상대가 들어올 수 있는 공간을 항상 만들어놓는다.

예를 들어 "이 건에 대해서 나는 전혀 모르는데…… 어떻게 되어 있지?"라고 물으면 상대는 "이렇게 되어 있습니다." "이런 자료가 있습니다."라고 대답한다. 내가 "그럼 이렇게 해볼까?"라고 하면 연결고리가 생긴다. 그러면 상대는 최종적인 마무리에 참가했다는 느낌이 들 것이다.

최종적으로는 플레이어로 성장시켜야 하므로, 게임에 참가할 때의 고양감이 반드시 필요하다. 경기장 밖에만 있으면 절대로 성장할 수 없다. 경기장 안에 들어가서 공을 던져봐야 한다.

공을 던졌다가 잃어버리는 경우도 있겠지만 이럴 때는 도와주면 된다. 어쨌든 공을 던져봐야 참가하고 있다는 실감이 생긴다.

일을 잘하는 사람 중에는 다른 사람에게 절대 일을 넘기지 않는 사람도 있다. 자신이 하기 귀찮은 일이나 업무의 본질과는 아무 상관도 없는 사무처리 작업만을 맡겨 손발로 부려먹는 것이다.

그러나 상대를 가르치고 성장시키고 싶다면 창조적인 업무에 참여시켜야 한다. 자신이 중요한 일을 하고 있다는 생각이 큰 동기부여가 될 것이다.

모든 직원을 **회의에 몰입시킨다**

회의에 부하직원을 참여시키면 자신이 중요한 자리에 있다는 것만
으로도 가슴이 벅찰 것이다. 그렇다고 회의에 익숙하지 않은 부하
직원에게 갑자기 "자네 의견은 뭔가?"라고 물으면 당황하여 말문
이 막혀버린다. 다른 사람이 자신의 의견을 묻는 순간 머릿속이 새
하얘지는 것이다. 때문에 아무 말도 못하거나 흥분해서 나오는 대
로 장황하게 떠들기도 한다. 그러고 나면 본인도 '실수했다' 는 생
각에 의기소침해지고 자신감을 잃게 된다. 자신이 회의에 참가했
고, 게다가 의견을 냈다는 충실감을 얻지 못한다. 다른 사람들도
'저 직원은 회의에 부르면 안 되겠어.' 라는 생각을 하게 된다.

이러한 상황을 어떻게 이끌어가는가는 상사의 역량에 달려 있다.

예를 들어 회의 참가자가 여섯 명이라고 하면, 처음에는 2인 1조
로 아이디어를 내도록 한다. 물론 다음에는 다 함께 회의를 할 것임
을 알려준다.

이때 부하직원과 커뮤니케이션 능력이 높은 사람을 같은 조로
편성해주거나 자신이 같은 조가 된다. 그렇게 하면 적어도 다른 네
명에게는 피해를 주지 않으면서, 회의에 익숙하지 않은 '초보' 로
부터도 좋은 아이디어를 끄집어낼 수 있다. 초보가 말하는 밀도 낮
은 이야기를 전원이 다 듣지 않아도 되니 회의의 효율을 높일 수

있다.

또한 여섯 명 앞에서는 무리지만 둘이 있을 때는 곧잘 의견을 내는 경우도 있다. 이처럼 발언하기 쉬운 공간을 만들어주는 것이 필요하다.

이러한 시간을 10분간 만드는 것만으로도 참가자 전원의 스트레스가 줄어들고, 회의에 익숙하지 않은 부하직원도 자연스레 아이디어를 낼 수 있다. 무엇보다 자신도 참가하고 있다는 느낌을 가질 수 있어 좋다.

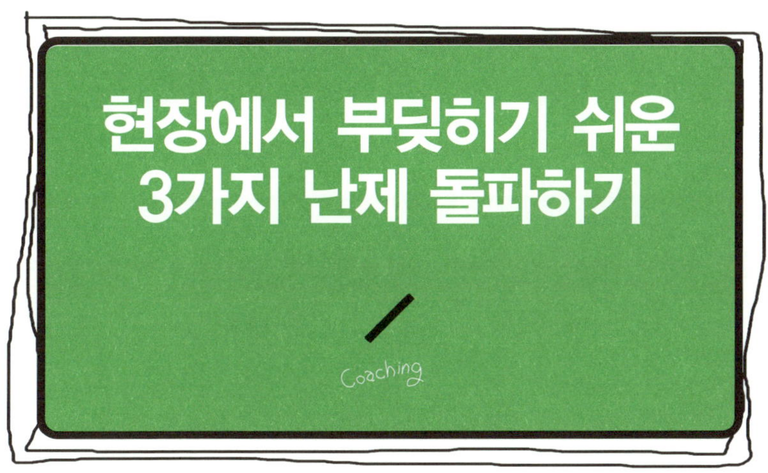

상황 1 모르면서도 누구 하나 실토하지 않을 때

상대방이 아는지 모르는지는 발문을 던져보면 즉시 알 수 있다. 아이든 어른이든 모르는 것을 '모른다' 고 말하는 경우는 드물다. 모른다고 확실히 말할 수 있는 사람은 신경이 아주 튼튼한 사람일 것이다. 대개는 바보 취급을 받을까 봐 걱정하거나, 이야기의 흐름을 끊어버리는 것은 아닌가 싶어 차마 모른다는 말을 하지 못한다.

기업 현장에서는 이런 경향이 더 심하다. 섣불리 말했다가 상사나 리더에게 '깨지지 않을까' 몸을 사리는 것이다. 소위 '가만있으면 2등은 간다' 는 심리라고나 할까. 따라서 무엇을 알고 있고 무엇을 모르는지 알기 위해서는 구체적으로 질문을 해야 한다.

교토의 한 중소기업 사장인 S씨는 책을 무척 좋아해서 회의나 미팅 때 책 내용을 즐겨 인용한다. 어떨 때는 만화책을 인용하기도 해서 부하직원들이 난감해할 때가 많다. 그분은 이야기할 때, "반응이 안 좋은 걸 보니 어쩌면 이 책을 모를지도 모른다는 생각이 드는군요. 그럼 잠깐 물어볼까요? 이 책을 읽은 사람 있습니까?" 하고 질문한다.

일견 유치해 보이지만 아무런 사심이 없는 질문이라 부하들도 스스럼없이 대답을 하고 분위기가 편안해진다. 모르는 것을 모르는 채로 방치한다면 제대로 가르칠 수 없고 결국에는 불신마저 쌓이게 된다. 때로는 구체적인 질문 하나가 회사의 성과를 높일 수 있다는 점을 잊지 말자.

질문을 던지기 전에 우선은 반응이나 표정으로 분위기를 읽고 아는지 모르는지를 파악해야 한다. 그 사람이 정말 알고 있을 때는 표정에서 나타난다. 하지만 그렇지 않을 때는 모른다고 생각하는 편이 좋다. 뭔가 확실히 와닿는 것이 없으니 그런 반응이 나타나는 것이다.

이때부터 몇 가지 질문을 던져야 한다. 모르는 정도를 정확히 파악해야 성과 있는 미팅이 가능해진다. 즉 중요한 것은 질문을 해서 어디까지 알고 있는지를 제대로 파악하는 것이다.

상황 2 생각할 시간을 줄 수 없을 때는 **어떻게 해야 할까**

회사 생활을 하다 보면 뭔가 차근차근 가르치고 싶다, 저 직원에게 생각하고 고민해볼 여유를 주고 싶다는 욕구를 느낄 때가 있다. 상 사라면 당연히 그럴 것이다. 하지만 회사라는 곳은 학교가 아니다. 매우 바쁜 조직이다. 시간이 최고의 재산인 곳이다.

때문에 나는 가능하면 답을 먼저 가르쳐주는 편이 좋다고 생각 한다. 뭐니 뭐니 해도 시간의 효율이 가장 중요하기 때문이다.

바쁠 때는 먼저 답을 알려주고 나서 가르쳐주면 된다. '하다 보 면 알게 된다' 는 생각으로 지지부진하게 가르치는 것보다, 전부 가 르쳐주고 힘든 일까지 시켜보면서 실수를 하면 가르쳐준 내용을 다시 한 번 상기시키는 것이 좋다. 일을 할 때는 일일이 다 가르쳐 줄 시간이 없으니까.

무도에서는 몇 년씩 자기식대로 연습하는 것보다 좋은 스승 밑 에서 3개월 정도 가르침을 받는 편이 훨씬 빨리 성장한다고 한다. 요령을 터득할 때까지 자유롭게 놔두면 언젠가 성공할 수는 있겠 지만 많은 시간을 낭비하는 셈이다. 먼저 요령을 가르쳐준 다음 연 습을 시키는 편이 효율적이다.

그러면 창의성이 떨어지지 않을까 걱정하는 사람도 있다. 하지 만 창의성을 기를 기회는 얼마든지 널려 있다.

탁구를 예로 들자면, '라켓은 이런 식으로 휘둘러야 한다'는 규칙이 있다. 그것은 가장 기본적인 것이다. 그런데도 "마음대로 휘둘러봐. 그 중에서 답을 찾아보는 거야."라고 말한다면 너무나 비효율적이다.

답은 알고 있지만 하지 못하는 상태라면, 그것을 극복하기 위한 메뉴를 주고 연습을 시켜야 한다. 스스로 답을 찾아보도록 시간을 줄 필요는 없다.

특히 회사에서는 맨투맨 형식으로 일일이 가르칠 수 없는 상황이 대부분이다. 따라서 답이 있으면 즉시 가르쳐주고 과제를 계속 부여하는 것이 효율적이다. 일을 계속 주는 것, 이것으로 충분하다.

상황 3 가르쳐야 할 부하직원이 **너무 많으면 어떻게 할까**

많은 인원을 가르치는 경우에는 상당한 교육 능력이 필요하다. 특히 대규모 홀 같은 데서 강연을 해야 할 때는 백전노장도 벌벌 떨 수밖에 없다.

혼자서 100~200명을 가르치려면 전원의 주목을 끌 수 있는 카리스마, 즉 몸에서 발산되는 어떤 매력이 없으면 힘들다. 무엇보다 생기 넘치는 목소리가 중요하다. 많은 인원을 상대할 때는 우선 눈에 힘을 주고 활기 넘치는 목소리를 갖추어야 한다.

또한 인원이 많을 때도 배우는 쪽은 인원이 적은 것처럼 느낄 수 있도록 행동해야 한다. 이것은 시선이 한 사람 한 사람에게 모두 미치는 것을 뜻한다. 이를 위해서는 1대 1의 시선을 자주 교환해야 한다.

1대 40이라면 40명 전원의 눈을 볼 수 있어야 한다. 한 사람에게 시선을 보내는 시간이 1초라면, 모두 40초가 되겠다. 그리고 의식이나 의욕이 낮은 곳이 있다면 그곳에 집중적으로 시선을 보내자.

인원이 많은 경우는 의미 있는 이야기를 계속할 수 있는 힘이 필요하다. 그러려면 다양한 타입의 사람들로부터 '그렇군', '맞아' 라는 반응을 계속 이끌어낼 수 있는 이야기를 많이 준비해야 한다.

교육 능력이 있는 사람을 구분하는 방법

회사는 다양한 재능을 가진 인재를 필요로 한다. 그 중에서도 교육 능력을 갖춘 인재는 더욱 소중한 재원이다. 앞에서 설명한 2인 1조 토의를 응용하면, 가르치는 일이 능숙한 사람을 판단하는 방법으로 사용할 수 있다.

다른 사람의 이야기를 끄집어내는 것이 능숙한 사람은 커뮤니케이션 능력이 상당히 높은 사람이다. 커뮤니케이션 능력이 높은 사람이란 다시 말해 교육 능력이 있는 사람이다.

따라서 팀 구성원을 바꿔가면서 다양한 2인 1조 팀을 만들어 토의를 시켜보라. 그러면 커뮤니케이션 능력이 높은 사람이 속한 조는 토의가 순조롭게 진행될 것이다. 팀의 구성을 계속 바꾼 뒤 마지막에 토의가 잘된 조에 항상 속해 있던 사람이 누구인지를 살펴보라.

마찬가지로 경험이 없는 초심자를 여러 사람과 2인 1조로 짜보고, 마지막에 그 초심자에게 '누구와 조를 짰을 때 생각이 가장 활성화되었는지' 묻는 방법도 있다. 누가 어느 정도 주변을 활성화시키는지는 다른 사람들의 표정을 보면 쉽게 알 수 있다.

토의할 때 그저 상냥하게 "어떻게 생각합니까?"와 같은 물음으로 대해봤자 상대는 활성화되지 않는다. 자신도 어느 정도 예리한 의견을 내고 초심자도 '그렇구나!' 라고 생각했을 때 고양감이 생긴다. 상대를 활성화시킬 수 있는, 즉 고양감을 줄 수 있는 것도 교육 능력의 중요한 포인트다.

이것으로 그 사람에게 부하직원을 붙여줘도 좋을지를 판단할 수 있다. "○○에 대한 기획을 생각해봅시다."와 같은 과제로도 금방 알 수 있으므로, 회사에서 꼭 시험해보기 바란다.

부하를 유능한 리더로 키워라

✏️ 성장한다는 것은 성공 체험을 쌓아서 이기는 패턴을 인식하는 것이므로, 가르칠 때는 이기는 패턴을 알게 해주는 것을 목표로 해야 한다. 이기는 패턴은 가르치는 쪽이 보여주지 않으면 배울 수 없다. 즉 상대가 한정된 범위 안에서만 생각하지 않도록 "지금 하고 있는 것은 여기가 이렇게 바뀌어도 마찬가지야." "기본 패턴을 기억하도록 해."라고 설명해야 한다.

하나를 가르쳐서 **열을 깨우치게 하라**

원래 교육의 최종 목적은 상대가 자립할 수 있도록 하는 것이다.

그러면 자립이란 어떤 상태일까? 자신을 성장시키기 위한 메뉴를 스스로 짤 수 있는 상태라고 생각한다.

그렇다면 교육이란 상대가 스스로 성장할 때까지 키우는 것이라고 할 수 있다. '가르친다'는 것과 이미지 면에서 구분한다면, 교육은 스스로 성장하는 힘을 키워주는 것이다.

언제까지나 '가르친다'는 이미지로만 있으면 가르쳐준 것만 할 수 있고 가르쳐주지 않은 것은 할 수 없는 사람이 되고 만다. 성장하지 못하는 것이다.

어떤 것을 가르칠 때는 그것을 응용해서 다른 것까지도 할 수 있게 해주어야 한다. 즉 성장의 패턴을 파악하도록 해주는 것이다.

따라서 자립하도록 가르치는 것은 어떤 것을 통해 보편적으로 통용되는 성장(향상) 패턴을 가르쳐주는 것을 말한다.

예를 들어 어떤 학생에게 피아노를 가르쳤는데, 딱 거기까지만 할 수 있을 뿐 혼자서는 성장하지 못하거나 다른 분야에서는 피아노를 쳐본 경험을 살릴 수 없다고 해보자. 그렇다면 그 선생님은 '몇 가지 곡을 치는 방법만 가르친 것'에 지나지 않는다.

하지만 바람직한 교육은 피아노 실력이 향상되는 패턴을 가르치는 것이다. 즉 학생 스스로 다른 곡을 연습해서 칠 수 있도록 만드는 것이다.

그리고 이보다 더 큰 목표가 있다면, 피아노뿐만 아니라 다른 분야에서도 성장의 기본 패턴을 알게 하는 것이다. 피아노를 못 치는 상태에서 칠 수 있는 상태로 진행한 패턴을 공부나 다른 분야에도 응용할 수 있도록 가르쳐야 한다.

회사에서의 가르침도 이와 다르지 않다. 하나를 가르치면 열을 깨우칠 수 있도록, 그 밑바닥에 깔린 본질까지 파고드는 힘을 길러주어야 한다. 기획서 한 장을 쓰고, 서류 한 부를 복사하더라도 기업과 시장의 원리를 깨우치게 하는 것이 가르치는 리더의 일이다.

기본 패턴을 **철저히 인식시켜라**

특정 부서에서의 활동 경험을 다른 업무에서도 살리는 사람이 있는데, 이것은 기본 패턴을 응용할 줄 알기 때문이다. 심지어 사내 동아리 활동 경험을 업무에 활용하는 사람도 있다. 하나를 가르치면 열을 아는 사람이다.

성장한다는 것은 성공 체험을 쌓아서 이기는 패턴을 인식하는 것이므로, 가르칠 때는 이기는 패턴을 알게 해주는 것을 목표로 해야 한다. 이기는 패턴은 가르치는 쪽이 보여주지 않으면 배울 수 없다. 즉 상대가 한정된 범위 안에서만 생각하지 않도록 "지금 하고 있는 것은 여기가 이렇게 바뀌어도 마찬가지야." "기본 패턴을 기억하도록 해."라고 설명해야 한다.

예를 들어 케이스 스터디를 할 때도, "지금은 이런 사례를 예로 들고 있지만 다른 경우에도 응용할 수 있다", 즉 "이 부분은 상황이 바뀌어도 마찬가지"라고 가르쳐준다.

사람들은 대개 한 가지 사실에만 끌려가는 경향이 있다. '이 일을 제대로 못했다는 것은 다른 일도 못한다는 거야.' 라고 생각하는 식이다. 이때 "패턴을 익히면 괜찮다"고 말해주면 좋을 것이다.

무작정 되는 대로 눈앞에 있는 것만 생각하다가는 배우는 쪽을 자립시킬 수 없다.

"다음엔 자네 혼자서 해봐!"

자립하도록 가르치는 비법 중 하나는 한두 가지를 가르쳐주고서 다음엔 혼자 해보게 하는 것이다. 예를 들어 다음 시간까지 책을 읽어오라든지 어떤 일을 해오라고 지시한다. 이때 "방금 한 방법과 마찬가지"라는 설명도 해준다.

그때그때 적절한 과제를 준 다음 처음에만 가르쳐주고, 이후는 연습 메뉴만을 넘겨주면서 혼자서 해보라고 한다.

이후의 반응에 따라 "방금 그건 계속하지 못한 것을 보니 어려웠나 보군." "재미가 없었나?" 하고 염두에 두면서 여러 가지 과제를 게릴라식으로 낸다. ‘다음은 이 업무, 그 다음은 이 업무……’ 하는 식으로 맡긴다.

항상 옆에 붙어서 지도하던 상태에서 한 달에 한 번 만나 지난번에 했던 것을 체크하고 다음 과제를 주는 식으로 관계를 쌓아나가도록 하자. 그리고 이러한 체크 횟수도 점점 줄여나간다.

가르치는 단계는 매일 체크하지 않으면 안 되는 상태다. 이 체크 간격을 서서히 늘려가야 한다. 처음에는 매일 체크하던 상태에서 3일 후, 그 다음 단계에서는 일주일 후에 체크한다. 그리고 곧 한 달에 한 번 체크하는 것만으로도 좋은 상태가 되도록 만든다.

체크 간격이 점점 길어질 때는 힘이 떨어지지 않도록 주의해야 한다. 그런 조짐이 보이면 확실히 지적해주는 것이 좋다.

특기가 무엇인지 항상 관찰하라

이기는 패턴을 인식하는 것이 자립이다. 이기는 패턴은 사람에 따라 다르다. 예를 들어 씨름에서는 공중던지기로 승부를 거는 선수가 있는가 하면 들배지기가 특기인 선수도 있다. 즉 어떤 기술로 승부할 것인지 자신의 승리 패턴을 찾게 해야 한다.

이기는 패턴을 인식시키는 데는 케이스 스터디가 기본이다. 사레에 따라 가르치면서 기본은 무엇이며 어떤 점을 응용할 수 있는지 알려준다.

그러다가 좋은 결과가 나오면 "좋아, 이것을 자네의 기술로 해두는 거야."라고 말한다. 즉 가장 자신 있는 기술이 무엇인지 물었을 때 대답할 수 있도록 한다.

다른 말로 하면 "무엇을 할 수 있는가?" "특기는 무엇인가?"라는 질문을 항상 던지는 것이다. 일이든 공부든 '어떻게 하다 보니 됐다' 는 식이라면 결코 성장할 수 없다.

"특기는 무엇인가?"라는 질문을 계기로 스스로 무엇을 할 수 있는지 확실히 인식할 수 있다. "나의 승리 패턴은 이것이다"라는 인식이 생기는 것이다.

지금 가르치는 내용뿐만 아니라, 더 다양하게 통용되는 법칙을 가르치고 있다는 것을 알게 해야 한다. 따라서 지금 가르치는 내용에 너무 얽매이지 말고 상대방이 그것을 통해 다른 뭔가에 응용할 수 있는 패턴을 배웠는지, 즉 자신의 승리 패턴을 배웠는지 항상 확인할 필요가 있다.

양적인 축적이 **질적인 변화를 가져온다**

응용력이 생겼는지 여부는 응용한 패턴을 상대에게 시켜보고 그 결과를 보면 알 수 있다. 승리 패턴을 하나라도 익혔다면, 다음은 이 패턴으로 공략하기 위해서는 어떻게 하면 좋은지 발문해서 혼자 힘으로 찾아보도록 한다.

어떤 것을 익히게 할 때는 동질의 것을 대량으로 부여하는 것이 포인트다. 그렇게 하면 다음 단계로 나아갈 수 있다. 그 다음엔 다시 질적으로 다른 것을 시킨다.

가르치는 쪽은 배우는 쪽이 동질의 것을 대량으로 하는 부분에 대해서는 관여할 필요가 없다. 질적인 변화를 일으키는 부분만 관여하면 된다.

양적인 축적은 다음 단계로 나아가기 위해 꼭 필요하다. 다 알고 있는 것 같지만 실은 몸에 배지 않은 경우도 많다.

배우는 사람이 패턴을 인식했다면 그 다음엔 스스로 하도록 한다. 이를 위해서는 패턴이 완전히 익숙해질 때까지 우선 양적으로 충족시켜야 한다. 양을 축적해서 패턴을 파악하고, 다시 양을 축적해서 패턴을 파악하는 과정을 몇 번이고 반복한다.

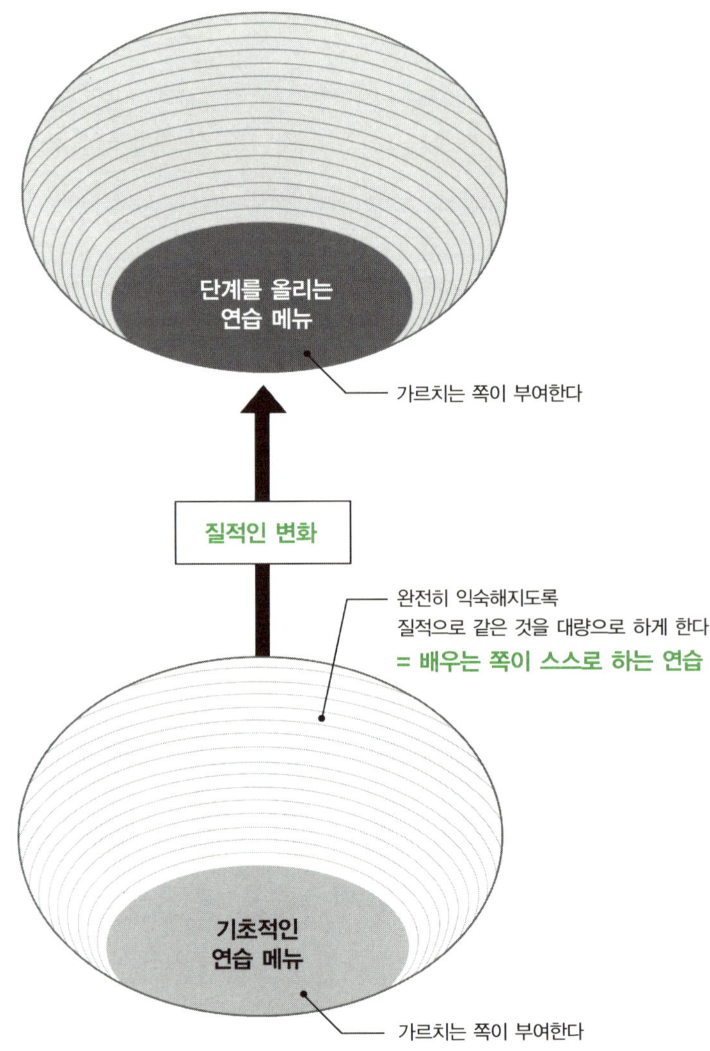

동질의 연습을 대량으로 부과함으로써 배우는 쪽은 그 내용을 완전히 익히고 자연스럽게 다음 단계로 갈 수 있다. 다음 단계로 가면 질적으로 다른 연습 메뉴를 부여하면 된다.

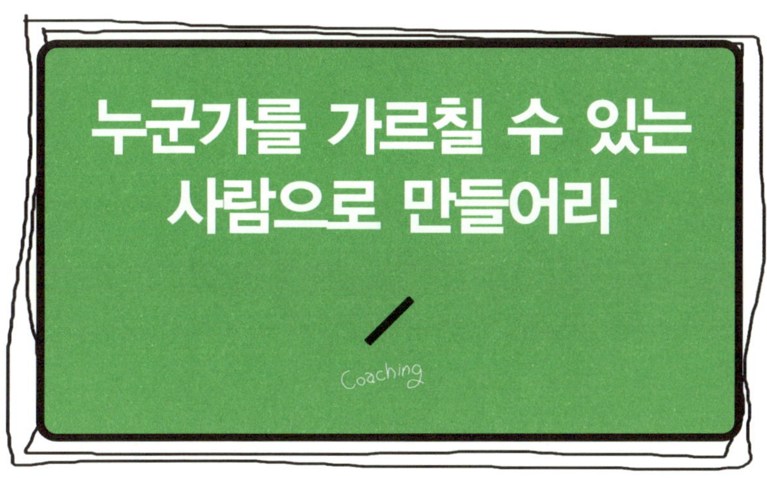

가르치는 것보다 **빨리 배우는 길은 없다**

처음부터 자립을 감으로 배우는 사람도 있다. 뭔가를 배울 때 스스로 포인트를 잡아서 언어화할 수 있는 사람이다. 이것이 가능하다는 것은 배운 것을 즉시 다른 사람에게 가르칠 수 있다는 말이다. 자립에 상당히 소질 있는 사람이다.

그러나 대부분의 사람들이 그렇지 못하다. 따라서 그렇게 되기까지는 배우는 시간이 오래 걸린다. 하지만 배운 것을 즉시 다른 사람에게 가르치는 습관을 들임으로써 자립을 앞당길 수 있다.

다른 사람에게 가르치기 위해서는 가르치는 내용의 포인트를 언어화, 도식화할 수 있어야 한다.

나는 교직과정을 이수하는 학생들을 가르칠 때도 이 방법을 쓰고 있다. '지금 내가 가르친 것을 다른 사람에게 가르쳐보게 하는 방법'이다.

그렇게 하면 교사가 가르친 것을 어느 정도 익혔는지 확실히 알 수 있다. 또한 학생들도 다른 사람을 가르쳐봄으로써 포인트나 패턴을 정리할 수 있어 이해가 한층 깊어진다.

회사에서 자신이 하고 있는 일의 매뉴얼을 만들어보게 하는 것도 좋은 방법이다.

누군가를 가르칠 수 있을 정도로 포인트를 정리할 수 있게 되면, 연습 메뉴를 혼자 힘으로 짜게 되고 스스로 성장할 수 있다.

에이스로 키웠다면 **주장으로 만들어라**

'가르친다'는 것의 최종 지점은 누군가를 가르칠 수 있는 사람으로 만드는 것이다.

자신이 성장해가는 것이 재미있는 시기는 야구팀으로 말한다면 에이스의 시기라고 할 수 있다. 가르친 상대가 믿음직한 에이스로 자랐다면 그 다음에는 주장으로 키우고 싶은 법이다.

배우는 쪽은 에이스의 시기를 거치면 자신의 성장뿐만 아니라, 기술을 다음 세대에 전하는 것이 얼마나 중요한지를 깨닫게 된다. 회사 전체, 또는 업계 전체의 수준을 끌어올리고 싶어하거나, 이 지식을 전하지 않으면 사라질 것이라고 믿는다.

그리고 이렇게 생각할 수 있는 사람으로 만드는 것이 '가르치는 일'의 최종 목적이다. 이것은 가르친 사람에게도 큰 기쁨이 될 것이다.

매뉴얼을 **만들어보게 하라**

스스로 터득해 나가기를 바랄 때는 무엇을 배웠는지 종이에 쓰도록 하면 효과적이다. 포인트를 짚도록 하는 것이다.

일은 대개 여러 분야로 나누어져 있다. 각 분야별로 자신이 어떤 절차로 그 일을 하려고 하는지를 글로 써보면, 잘못된 부분을 쉽게 알 수 있다. 즉 스스로 터득해서 기술을 제대로 쓰고 있는지를 알려면 포인트를 열거하게 해보라. 그러면 일목요연하게 알 수 있다.

그 포인트가 잘못됐다면 그 자리에서 제대로 된 것을 보여주거나 한 번 더 설명하라. 그리고 나서 포인트를 다시 열거하도록 시켜라. 이것을 반복하면 일의 절차가 몸에 밴다.

예를 들어 신입사원이 세 명 있다면, 어떤 일을 똑같이 3일간 시킨다. 그리고 그 3일간의 일을 통해 배운 것을 "다음 사람에게 가르친다고 가정하고 매뉴얼을 만들어보라."고 지시하라. 즉 업무의 순서와 방법을 써보도록 하는 것이다. 그러면 3일간의 일이라도 개인별로 상당히 차이가 나는 것을 알 수 있다. 이때 잘못된 부분이 있는 사람에게는 "이 매뉴얼로는 다음 사람이 전혀 일을 할 수 없겠는데……."라고 지적해준다.

배운 것은 전부 메모하고 그것을 다른 사람에게 전달하도록 가르쳐라. 메모해서 포인트를 열거하는 것만으로 혼자 배워나가는 자세를 단숨에 터득하게 된다.

이는 초등학교 교실에서부터 치열한 기업 현장까지 두루 통하는 방법이다. 나는 아이들에게 공부나 도덕적인 것을 가르칠 때도 "방금 말한 것이 무엇인지 한 번 더 말해보라."고 시킨다. 앞에서 말한 매뉴얼 만들기도 이와 동일한 원리다. 배우기 위해 가르치는 것이다.

나를 변화시키는 '가르침의 힘'

이 책은 저의 연구 테마인 '교육자 교육'에서 출발한 것으로, 교직에 몸담고 있는 사람뿐만 아니라 사회의 리더나 직장 상사 등 가르치는 입장에 있는 모든 사람들을 대상으로 쓴 것입니다. 이 책을 통해 사회와 가정이나 직장에서 존재하는 '가르치고' '배우는' 다양한 관계에 대해 다시 한 번 생각해보는 계기가 되었으면 합니다.

집필을 끝내고 가장 먼저 생각한 것은 아버지라는 존재였습니다. 요즘 아버지의 지위가 불명확하고 불안정해지고 있습니다. 가정을 생활하는 장소라고 인식하면, 일반적으로 아버지는 밥을 짓거나 가사를 돌보지 않기 때문에 아무래도 존재 의의가 약합니다. 이런 점에서는 어머니의 존재감이 훨씬 더 큰 것 같습니다. 하지만 취미

등의 영역에서 아이들이 '우리 아빠, 굉장해!' 라고 생각할 만한 것을 가르쳐줄 수 있다면, 가정의 연결고리가 더 단단해지고 아버지의 지위도 명확해질 것입니다. 즉 아버지의 존재가 '가르치는 행위'를 통해 더욱 커지는 것입니다.

이 책에서 '가르치는 힘'으로 정의한 항목 중에 '콘텐츠 발굴 능력(소재력)'이라는 것이 있습니다. 가르치고 싶은 것을 배우는 사람이 스스로 깨닫는 데 도움이 되는 소재를 '콘텐츠'로 사용하는 능력입니다.

예를 들면, 부모가 스스로 선택한 책이나 영화를 아이들에게 보게 하는지, 이 책을 통해 다시 생각해보자는 것입니다. 아이들이 졸라서 게임을 사다주는 식이라면 부모와 자녀 간에 교육관계는 이루어지지 않습니다. 아이들이 '하고 싶다'고 생각할 무엇인가를 부여해왔는지, 아이들 스스로가 무엇인가를 생각하게 하는 소재를 사용하고 있는지 생각해봅시다.

가르치는 행위는 부모자식 관계의 중심축입니다. 함께 생활하기만 할 뿐, 가르치는 부분에 관여하지 않는다면 너무나 안타까운 일입니다. 부모와 자식이 함께 보내는 시간은 그다지 길지 않습니다. 고등학생이 되면 벌써 부모 품을 떠난 것이니 길어봤자 10년입니다. 결코 길지 않은 시간입니다. 따라서 가르치는 행위를 '강요하는 것 같아 좋지않다', '자발적으로 하게 하는 편이 낫다'고 생각해서는 안 됩니다.

요즘은 직장에서도 가르치는 행위가 이루어지기 어려운 분위기입니다. '뭐든지 흡수하겠다', '기술을 훔쳐보겠다'는 배움의 자세로 회사에 들어오는 사람이 그리 많지 않습니다. "그런 말은 들어본 적이 없습니다."라든지 "저는 그런 방법으로는 하고 싶지 않습니다."라고 말하는 신입사원도 있습니다. 모든 것을 다 알고 있으니 상관하지 말라는 식입니다. 사회에 나오는 많은 젊은이들이 적극적으로 배울 자세가 되어 있지 않습니다. 이들에게는 엄하게 말하는 것이 좋지 않으며, 먼저 부하직원이 하는 말을 여유 있게 들어주라는 '코칭 이론'도 나왔습니다. 이러한 이론을 받아들여 실천하고 있는 상사도 적지 않을 것입니다. 물론 이것이 절대적으로 나쁘다는 것은 아닙니다.

하지만 기본을 잊어서는 안 된다고 생각합니다. 회사란 스포츠 팀과 비슷해서 이기는 것을 목적으로 하는 집단입니다. 이 점을 간과한다면 코칭 이론도 아무 의미가 없습니다. 회사가 이긴다는 것은 이익을 올리는 것입니다. 그 결과 회사가 존속하고 성장하며, 직원들에게 급료가 나오는 것입니다. 회사 일은 학교의 부활동이 아닙니다. '회사에서는 모두가 프로이므로 잘못이 있을 때는 가차 없이 지적한다'는 태도를 취하지 않으면 안 됩니다.

하지만 어떤 문제가 생겼을 때 "왜 이렇게 했지?" 하고 질책하는 것만으로는 해결되지 않습니다. 그렇다면 어떻게 해야 될까요? 한 가지 방법은 이 책에서도 설명했듯이 '평가력'이나 '코멘트 능력'을 갖추는 것입니다. 부하직원에 대해 사태를 개선시킬 수 있는 코멘트를 하고 있는지 자신을 돌아볼 수 있습니다. 또는 자신의 경험을 부하직원에게 전하기 위해 어떤 연습 메뉴를 제시해주었는지, 그 사람을 몇 년 안에 베테랑으로 만든다는 목표를 세우고 누구와 조를 짜서 어떤 일을 시킬 것인지에 대해 생각했는지 되돌아볼 수 있을 것입니다.

가정에서든 직장에서든 "당신은 가르친다는 행위를 제대로 해왔는가?" 하는 것이 이 책에서 던지고 싶은 질문입니다.

이 책을 읽으면서 자신의 '가르치는 행위'를 되돌아보고 그것을 분야별로 적어보면, 실은 전혀 '가르치지 않았다'는 것을 깨닫게 될지도 모릅니다.

마지막으로 다시 한 번 강조하고 싶은 것이 있습니다. '가르치는 것'은 결코 나쁜 것이 아니라는 점입니다. 누군가를 가르친다는 것은 시간과 노력이 많이 들고 자신에게 아무 득도 없다고 생각하는 것은 안타까운 일입니다. 상대가 성장하는 모습을 보면 가르치는 사람도 무척 행복해집니다. 상대방이 발전하도록 가르칠 수만 있다면 가르치는 것은 특별한 행복을 가져다주는 행위입니다.

그리고 이 책에는 이를 위한 비결로 가득 차 있습니다.

이 책의 기획을 제안해준 다카라지마 사의 니시야마 치카에게 감사의 마음을 전합니다. 저의 전문인 교육학을 테마로, 가르치는 입장에 있는 모든 사람들에게 '가르치는 것'이란 어떤 것인지를 제시할 수 있는 좋은 기회였습니다. 편집 과정에서 많은 도움을 준 오피스 몬비지의 여러 분에게도 감사의 말을 전합니다.

사이토 다카시

레이건 대통령, 더스틴 호프만, 베라 왕, 손정의 등
세계적인 리더의 주치의

미국, 일본에서 30만 명의 위장(胃腸)을 치료한 세계 최고의 위장 전문의가 권하는 굵고, 길게 사는 방법!

경이적인 100주 연속 베스트셀러, 200만 부 판매 돌파!

세계 최고의 장수대국 일본이 왜 이토록 열광하는가?

신야 히로미 지음 | 신국판 | 세트 값 22,000원(전2권)

MBC 뉴스투데이, 조선일보, 한겨레신문, 문화일보, 한국경제, 서울경제 등 언론에서 극찬한 도서!
국내 온, 오프라인 서점 건강 베스트 1위!

건강에 대한 생각을 혁명적으로 뒤바꿔놓을 책! 저자가 세계적인 리더들의 신뢰를 받고 있는 이유를 보여준다! – 소프트뱅크 회장, 손정의

문명은 인간의 한계에 도전하는 과정이었다. 이 책은 '인간 수명의 한계에 도전'하는 귀중한 기록이다! – 노벨 물리학상 수상자, 에사키 레오나

신야 히로미는 암 재발률 0%, 단 한 명의 환자에게도 사망진단서를 발급하지 않은 세계 최고의 위장전문의로 미국 위장내시경 학회 특별상과 2004년 동 학회 최고상을 수상했다. 세계 최초로 대장내시경 삽입법을 고안해, 개복 수술을 하지 않고 대장내시경에 의한 폴립 절제에 성공해 의학계에 크게 공헌했다.

TEL. 337-0446 FAX. 337-0402

아이소

마음을 사로잡는 경청의 힘

포춘 500대 기업이 선택한 최강의 설득 지침서!

래리 바커 · 키티 왓슨 지음 | 윤정숙 옮김 | 값 10,000원

성공하는 사람과 그렇지 못한 사람의 대화 습관에는 뚜렷한 차이가 있다. 그 차이를 단 하나만 들라고 한다면, 나는 주저 없이 '경청하는 습관'을 들 것이다. 최강의 설득은 경청에서 시작된다!
– 스티븐 코비, 〈성공하는 사람들의 7가지 습관〉

20세기가 말하는 자의 시대였다면, 21세기는 경청하는 리더의 시대가 될 것이다.
– 톰 피터스, 〈초우량기업의 조건〉〈미래를 경영하라〉의 저자

협상, 그리고 프로젝트 매니저들이 결코 빠트리지 말아야 할 필독서!
– 클라이브 헤먼트, 화이자 제약 특허 및 개발담당 이사

단순하지만 강력한 부와 성공의 비밀
부자가 되려면 책상을 치워라!

SBS 스페셜 특종 보도! 성공하고 부자 되려면 청소를 하라!

마스다 마츠히로 지음 | 정락정 옮김 | 값 10,000원

시간을 낭비하는 자료와 편지는 4분의 1을 쓰레기통에 던져버려도 그 필요성을 깨닫지 못한다.
– 피터 드러커
부자의 책상과 빈자의 책상을 보라. 부자의 책상엔 절대로 너저분한 서류 더미가 없다.
– 성공학 강사, 브라이언 트레이시

원하는 것을 반드시 이루게 하는 계속하는 힘

45년 베테랑 CEO가 조급증에 빠진 젊은이에게 주는 진짜 인생의 지혜

유니참 CEO 다카하라 게이치로 지음 | 정락정 옮김 | 값 9,000원

젊은 인재들의 필독서! 꾸준한 사람은 무엇을 해도 성공한다. 영어, 기획안, 연애, 사업. 그 무엇이건 계속하는 힘을 가진 사람은 뭐가 됐든 결과를 만든다.
– 도요타 자동차 전 회장, 경단련 회장 오쿠다 히로시

'진정 성공한 삶이 어떤 것인가' 라는 질문에 대한 우직하지만 명쾌한 해답! '계속하는 노력'은 단지 금전적인 성공을 넘어 삶을 가치 있게 만드는 힘이다.
– LG생활건강 CEO, 차석용

성공한 사람이나 그렇지 않은 사람이나 성공의 원칙을 알고 실천한다. 다만 성공한 사람들은 그것을 '계속하는 힘'을 갖고 있다. 꾸준함, 그것은 쉽게 좌절하고 현실에 안주하는 이 시대 젊은이들이 꼭 기억해야 할 성공의 원칙이다.
– 서울과학종합대학원 교수, 한근태

옮긴이 **이근아**

한국외국어대학교 대학원 일어일문과를 졸업했다. 출판편집자로 오랫동안 일했고 현재는 전문번역가로 활동
중이다. 옮긴 책으로는 《논리 트레이닝》, 《병 안 걸리고 사는 법》, 《병 안 걸리고 사는 법 2 실천편》, 《당뇨병엔
밥 먹지 마라 – 세계 의학계가 주목하는 당뇨 치료의 혁명》 등이 있다.

최강의 인재를 키우는
가르침의 힘

초판 1쇄 인쇄 2008년 6월 16일
초판 1쇄 발행 2008년 6월 20일

지은이 사이토 다카시
옮긴이 이근아
펴낸이 명혜정
펴낸곳 도서출판 이아소

북디자인 이창욱

등록번호 제311-2004-00014호
등록일자 2004년 4월 22일
주소 121-840 서울시 마포구 서교동 408-9번지 302호
전화 (02)337-0446 **팩스** (02)337-0402

책값은 뒤표지에 있습니다.
ISBN 978-89-92131-12-4 03320

도서출판 이아소는 독자 여러분의 의견을 소중하게 생각합니다.
E-mail : m3520446@kornet.net